Uwe Albrecht

Integrity
is my way

Der ehrliche Weg zum Glück

Besuchen Sie uns im Internet:
www.mens-sana.de

Copyright © 2014 bei
Knaur Verlag. Ein Unternehmen der Droemerschen Verlagsanstalt
Th. Knaur Nachf. GmbH & Co. KG, München.
Alle Rechte vorbehalten. Das Werk darf – auch teilweise –
nur mit Genehmigung des Verlags wiedergegeben werden.
Redaktion: Carlo Günther
Fotos: Hanna Lippmann
Covergestaltung: ZERO Werbeagentur, München
Coverabbildung: Fotolia/styleuneed,
ROOTZ & WINGZ
Satz: Adobe InDesign im Verlag
Druck und Bindung: CPI books GmbH, Leck
ISBN 978-3-426-65752-2

2 4 5 3 1

Der Frau, die mich als Kind bedingungslos liebte und mir damit ermöglichte, die Schönheit und die Vollkommenheit in jedem Menschen sehen zu können, auch wenn sie hinter Masken versteckt sind – meiner Oma Gisela.

INTEGRITY
is my way

Sei mutig und beende alle Kompromisse.
Höre endlich auf, dich selber anzulügen.
Mache nur noch das, was du liebst.

Du bist kein Opfer, sondern der Täter deines Lebens.
Finde deine Lebensaufgabe und den Fluss des Seins.

Ändere dein Leben jetzt.
Erfahre das, was Leben sein kann.
Erlebe, was Liebe sein kann.

Leben kann so einfach und schön sein, wenn wir in der Lage sind, uns in Demut unserer Lebensaufgabe hinzugeben und ein Instrument der Schöpfung zu werden.
Die inneren Kämpfe und die Zerstörung sind damit vorbei.

Dann kann Leben zu dem werden, was es sein soll: eine blühende Blume.

Ich entwickle seit Jahren das energetische Heilsystem *innerwise* und im Herbst 2013 ist ein Werkzeug dafür fertig geworden, das so kraftvoll ist, dass ich es nicht mehr frei herausgeben wollte: ein Testsystem, mit dem Grundparameter für Integrität, Ehrlichkeit und für die Verbindung zur Lebensaufgabe ermittelt werden können.
So habe ich alle Anwender von *innerwise* angeschrieben und ihnen angeboten, sich als Tester zu bewerben. Ihre

Aufgabe war es, zu beschreiben, was Integrität für sie bedeutet und wie sie ihr Leben verändert hat.

Als ich all die wundervollen Lebensbeschreibungen las, war die Idee für dieses Buch geboren. Alle Antworten, die im Herzen berühren und von den Autoren freigegeben wurden, sind hier veröffentlicht worden.

Wir können keinen Menschen erziehen, auch keine Kinder.
Wir können keinem Menschen Anweisungen geben.
Wir können auch keinen Menschen von etwas überzeugen.

Wir können nur eines tun: mit unserer Art zu leben andere Menschen inspirieren.

Damit vertrauen wir und helfen ihnen, die in ihnen liegenden Kräfte zu aktivieren und ihr Leben zu verändern. Damit zeigen wir, was wahre Liebe ist.

Integrity is my way
als Bewegung

Integrity is my way ist eine Bewegung, die ich im Jahr 2013 ins Leben gerufen habe. Im Mai 2013 habe ich beim Weltkulturforum in China als Referent über globale Ladungen und Felder gesprochen und die Möglichkeit, diese zu verändern und damit die Realität zu verändern. Thema des Forums war die Zukunft der Menschheit unter ökologischen Aspekten. Die anwesenden Regierungen und Königshäuser konnten mit ihren Reden in keiner Weise überzeugen oder auch nur einen Ansatz eines Weges aufzeigen. Ihr Konsens war: noch schneller weiterrennen und darauf vertrauen, dass uns der technische Fortschritt schon retten wird.

Doch die Lösung kann nur sein: Stehenbleiben, Umdrehen, Verstehen, Verändern der wahren Ursachen und dann erst weitergehen. Das war auch der Konsens von großartigen Denkern und Praktikern aus vielen Ländern, die auch auf dem Forum gesprochen haben. Auf dem Rückflug ist so die Idee geboren worden, Integrity is my way als Bewegung ins Leben zu rufen.

Vom Homo sapiens zum Homo integer

Die Zeit des Homo sapiens ist vorbei. Er hat in seiner Art zu sein genau die Situation erschaffen, die derzeit eskaliert. Sapiens bedeutet einsichtig, klug, diplomatisch. Doch einsichtig ist nicht umsichtig, klug nicht weise und Diplomatie ist Lüge. Der Mensch benimmt sich, wie er bezeichnet wurde.

Wenn wir die Welt ändern wollen, ist es das Einfachste, dem Menschen einen neuen Namen und damit einen neuen Klang zu geben: Homo integer – der ehrliche, reine, anständige, unversehrte, heile, unbescholtene, unverdorbene, ursprüngliche, ungebrochene, vollständig erhaltene und unbestechliche Mensch.

Was wäre das für eine Welt!

Es ist Zeit für den Homo integer und Zeit für eine ehrliche, heile, ganze, lebens- und liebenswerte Erde. Lasst uns unsere Träume leben, sinnlose Regeln brechen, frei denken, ehrlich sein zu uns selbst und miteinander, kompromisslos unseren individuellen Lebensweg gehen und dadurch unbegrenzt Energie zur Verfügung haben.

Vom Homo sapiens zum Homo integer –
wir ändern das Feld,
die Musik und die Realität werden folgen.

Da es eine internationale Bewegung werden sollte, ließ sich der Begriff Homo integer nicht verwenden. Im Englischen bedeutet »integer« nur gradlinig und nicht Integrität leben. Da muss wohl bei der Übersetzung aus dem Lateinischen etwas verlorengegangen sein. Zudem ist der Begriff Homo im Amerikanischen sofort mit Homosexualität gekoppelt und die Einengung ist nicht angemessen. So entstand Integrity is my way – Integrität ist mein Weg. Und das ist eine sehr gute Bezeichnung, denn wir alle sind auf dem Weg und es ist ein Bekenntnis, diesen Weg zu gehen. Wir sind alle Menschen mit Fehlern und Schwächen und nichts ist schlimmer als Fanatismus. Aber wir alle können uns entwickeln, wachsen und verändern.

Prinzipien

Bekenntnis zu meinem Weg!

Ich habe für die Bewegung Integrity is my way die folgenden Prinzipien verfasst. Du kannst dich zu ihnen bekennen und damit zum Weg, Integrität immer mehr zu leben.

Ich lebe Integrität.

Ich bin ehrlich zu mir selbst und anderen.
Ich spreche Wahrheit aus und vertraue anderen, dass sie diese integrieren können.
Meine Kommunikation ist klar und ehrlich und frei von Projektionen, Manipulationen und dem Erschaffen von Abhängigkeiten.
Um Ehrlichkeit zu leben, gebe ich Kompromisse und angstbasierte Entscheidungen auf.

Ich bin mir bewusst, was durch mich wirkt.

Ich trage die Verantwortung für meine Absichten, Emotionen und mein Wirken.
Ich nähre mich im Erfüllen meiner Lebensaufgabe.
Ich befriedige meine Bedürfnisse nicht zu Lasten anderer.

Ich lebe mein Selbst.

Ich achte mein Selbst, mein wahres Ich, als Grundlage Instrument der Schöpfung zu sein und meine Lebensaufgabe zu erfüllen.

Ich umgebe mich mit Menschen, die mir die Kraft geben, mein ganzes Potenzial zu erkennen und zu leben.

Ich empfange Heilung.

Durch die Klärung ungelöster Themen erfahre ich Heilung auf der tiefsten Ebene.
Ich erkenne Symptome als Zeichen, mein Leben zu verändern.
Ich achte meinen Körper als Gefäß meiner Seele und erhalte ihn kraftvoll, beweglich und frei.

Ich achte die Freiheit.

Ich erlaube keine Abhängigkeiten.
Ich entscheide, was das Beste für mich ist.
Ich manipuliere nicht.

Ich bin dankbar für meine Erfahrungen.

Ich vergebe mir selbst.
Alles, was ich erlebe, nehme ich als Geschenk an, so erlange ich Erkenntnis.

Ich liebe das Leben.

Ich nähre das Leben mit Freude.
Ich orientiere mich an dem Bedarf und der Notwendigkeit für das Ganze.
Willkommen Leben, mit allem, was du zu bieten hast.

Ich lebe Ehrlichkeit und bin authentisch.
Ich inspiriere.
Ich liebe mich.
Ich lebe meine Wahrheit.
Ich bin eigenverantwortlich.
Ich bin bereit, alles zu verändern, um wieder gesund und glücklich zu leben.

WAS DU ÜBER
dieses Buch wissen solltest

Dies ist keines der Bücher, die man an einem Abend liest. Es ist eine Inspiration für ein Bekenntnis zu mehr Integrität in deinem Leben.

Du kannst mit dem Lesen vorne beginnen und hinten aufhören, du kannst es aber einfach nur intuitiv an einer Stelle aufschlagen und die Inspiration bekommen, die du in dem Moment gerade benötigst. Du kannst auch jeden Morgen eine Geschichte lesen, sie über den Tag verdauen, darüber nachdenken und dein Leben ein wenig ändern. Am Ende des Buches findest du Anregungen, wie du den Impuls, der dich hoffentlich erfasst hat, nutzen und dich selbst mit deiner Integrität auseinandersetzen kannst.

Zwischen den Beiträgen im Buch eingestreut siehst du Fotoporträts von *innerwise*-Mentoren und -Lehrern. Sie alle zeigen sich pur und integer – eben so, wie sie sind, wie sie sich in diesem Moment gefühlt haben. Entstanden sind diese wunderbaren Aufnahmen während eines intensiven Workshops zum Thema dieses Buches: Integrity is my way.

Genug von mir. Nun übergebe ich an all die wundervollen Menschen, die dir einen Blick in ihr Leben schenken und dich damit inspirieren können.

Dein Uwe Albrecht

Gaia

*»… Da brauchte ich gar
keine Angst mehr haben …«*

Vor ein paar Jahren hab ich meiner großen Schwester heimlich das Portemonnaie weggenommen und bei mir im Zimmer versteckt. Irgendwann hab ich mich ganz schlecht gefühlt deswegen, aber ich habe mich einfach nicht getraut, ihr das zu verraten, weil ich solche Angst hatte, dass sie ganz böse auf mich ist.
Ich hab niemandem etwas verraten, aber ich hatte die ganze Zeit Angst, dass sie das Portemonnaie findet, und dann hatte ich Alpträume, wo etwas ganz Dunkles mich weggezogen hat, und ich bin mitten in der Nacht davon aufgewacht.
Da konnte ich das nicht mehr weghalten.
Ich hab gedacht, dass es aus mir bald einfach so rausplatzt, wenn ich es ihr jetzt nicht sage. Und dann hab ich ihr mein Geheimnis erzählt. Wir sind in mein Zimmer gegangen, ich war richtig aufgeregt und ich hab ihr gesagt, dass ich ihr was zeigen muss und dass sie dadurch vielleicht ganz wütend wird. Dann hab ich das Portemonnaie rausgeholt und es ihr gegeben. Aber sie war überhaupt nicht wütend. Sie hat mich ganz doll in den Arm genommen. Sie hat sich sogar gefreut und mir gesagt, wie unglaublich mutig sie es von mir findet, dass ich ihr das gesagt hab.
Da brauchte ich gar keine Angst mehr haben und war ziemlich froh.

Gaia Leela Luna (acht Jahre)

Gudrun

>*»... Es gibt keine Worte, die ausdrücken können, was passiert, wenn sich in Begegnungen unsere Herzen berühren ...«*

Integrität bedeutet für mich, vollkommen in mir zu sein und trotzdem offen für die Begegnungen mit anderen Menschen.

Seit ich mich damit beschäftige, diesen Text zu schreiben, stoße ich immer wieder auf mein vierjähriges Ich. Ein wunderbares, neugieriges, fröhliches, lebendiges Mädchen mit einem großen Herzen. Es gibt ein Bild von mir und meinem Großvater, wir malen beide und sind ganz miteinander und doch jeder für sich. Dieses alte Foto fängt dieses großartige Gefühl ein. Ich fühlte mich ganz.

Dieses Ganzsein ging dann im Lauf der Jahre immer mehr verloren und übrig blieb ein Zwiespalt zwischen der Innenwelt und dem, wie ich mich im Außen zeigte. Attribute, die (früher) alltäglich waren: zu laut, zu lebendig, zu wenig brav und vieles mehr in dieser Art, all das gab mir das Gefühl, so nicht richtig zu sein. Ich fühlte, das war nicht richtig, aber die dörflichen und kirchlichen Normen wussten es besser. Und ich verschloss mich immer mehr. Irgendwann gab es dann zwei Gudruns: eine mit viel Neugier und Phantasie und eine andere, die brav war und die Erwartungen der anderen erfüllte. Ich wurde ängstlich und packte meinen Mut in eine Kiste wie eine alte Erinnerung. Mit diesem Zwiespalt zu leben war unglaublich anstrengend. Ich habe viele Bemühungen unternommen, um diesem ursprünglichen Gefühl von Authentischsein nahe zu kommen. Es gab viele Momente, in denen es so war, aber keiner davon hielt länger an.

Mit der Zeit wurde mein Wunsch nach authentischem Ausdruck immer drängender und immer stärker. Zu sagen, was ich fühle, sehe und wahrnehme. Die richtigen Worte zu finden, um andere zu erreichen, auch mit unbequemen Wahrheiten. Die Erfahrung zu machen, dass andere nicht dieses dringende Bedürfnis nach Wahrhaftigkeit (ja, ein gewaltiges Wort, aber auch passend) fühlen, und mich dann, nein, nicht zu befreien, sondern anzupassen. So gewaltig anzupassen, dass ein Asthmaanfall mir das Nein verpasst hat, das schon längst durch mich hätte gesagt werden müssen.

Die innere Zerrissenheit wird immer stärker, der Wunsch nach einem, besser: meinem Leben immer größer. Gleichzeitig habe ich im Außen gute Arbeit geleistet: in der Kinderpsychiatrie (na ja, ich konnte tatsächlich vieles verstehen), in Einrichtungen der Behindertenhilfe, bei Lehrtätigkeiten, in Mediationen – eigentlich bei all meinen Tätigkeiten. Ich habe für andere Räume geöffnet, in denen sie gut sein und sich entwickeln konnten. Das hat mich natürlich auch immer wieder auf mich und meine inneren Räume zurückgeworfen. Aber innen war ich immer noch zerrissen, habe mich immer gefühlt, als ob Teile von mir fehlen würden oder in Vergessenheit geraten waren.

Ich habe irgendwann wieder gelernt, auf mich zu vertrauen. Meine Intuition ist heute meine beste Ratgeberin und es ist wirklich so, dass ich mit ihr auch die richtigen Worte finde, den richtigen Ausdruck und weiß, was zu tun ist, ohne diese extreme Vorbereitung, die ich früher betrieben habe. Was ist die Folge davon? Ein unglaubliches Glücksgefühl macht sich in mir breit.

Es gibt keine Worte, die ausdrücken können, was passiert, wenn sich in Begegnungen unsere Herzen berühren, wenn wir uns erkennen, wenn wir beginnen zu kommunizieren, ohne zu bewerten, ohne einzusortieren, sondern nur empfangen, was die Seele des Gegenübers dir mitteilen möchte. Es geschieht, und zwar bei allen Begegnungen mit Menschen. Es ist, als ob es heute meine Aufgabe ist, in meiner Arbeit, in meinem Privatleben, mit meinen Kindern diese Räume zu öffnen. Oder anders ausgedrückt, eröffne ich weiterhin Räume, aber diese sind nun anders ausgestattet, damit diese Art der Begegnung geschehen kann. Tiefe Berührung auf seelischer Ebene, so kann ich es vielleicht am ehesten in Worte fassen. Das gefällt natürlich nicht allen, aber wenn ich in mir sicher bin, dann finde ich auch da die richtigen Worte, Gesten und den richtigen Ausdruck dafür und es geschieht in relativer Leichtigkeit.

Vielleicht klingt das abgehoben, aber dies geschieht auch immer mehr in meinem Alltag: bei Mediationen, in Beratungsgesprächen, bei Moderationen an Elternabenden, beim Coaching, als Dozentin, in der Betreuung von Studenten, einfach überall. Es ist, als ob sich in den letzten Jahren dieser Aspekt des authentischen Handelns immer mehr in den Vordergrund gedrängt hat wie ein roter Faden. Immer war ich eine Gerechtigkeitsfanatikerin, ja auch fanatisch, habe viel im betrieblichen Alltag mitgestaltet, viel Zeit in Verhandlungssituationen verbracht, stets mit der Win-win-Maxime als Background. Auch habe ich früh erkannt, dass es in Firmen, aber auch Schulen und Einrichtungen nicht weitergeht, wenn die Führung nicht will. Lange habe ich aber gedacht, es braucht einfach nur Zeit, dann muss doch jeder einsehen, dass es so nicht weitergeht. Heute weiß ich, dass ich meiner eigenen Zeit treu sein muss, was eben auch bedeutet, dann weiterzugehen. Ich habe meinen eigenen Rhythmus und den muss ich einhalten, um eben für mich integer zu sein. Ja, auch das spielt eine Rolle für mich.

Zu lange habe ich ausgehalten in Situationen, die mich gelähmt haben, in denen ich mich nicht mehr lebendig gefühlt habe, aus Pflichtgefühl aus einem So-ist-es-halt (da war sie wieder, die brave katholische Tochter vom Land). Seit kurzem habe ich wieder dieses Gefühl wie als kleines Mädchen und doch ganz anders. Heute habe ich auch alle Erfahrungen mit dabei, die ich machen durfte und musste, um jetzt wieder ganz bei mir anzukommen. Und das ist ein saugeiles Gefühl. Wie ein Funkenregen, wie Tausende von Glühwürmchen, wie die Berührung von Schmetterlingsflügeln, das Gefühl nach stundenlangem Salsa tanzen einfach unglaublich, wunderschön, lebendig. Es ist so gut, dass ich mich jederzeit daran erinnern kann, auch in Situationen, in denen ich wieder so richtig gefordert bin. Es ist, als ob ein Schleier weggezogen worden ist und ich jetzt klar sehen darf und kann.

Als Nächstes ist jetzt das drängende Gefühl nach Gemeinschaft aufgetaucht. Noch intensiver in tiefer Verbundenheit sein, wie ein Drang fühlt sich das an. Ein Thema, das mich jetzt schon Monate begleitet: in Gemeinsamkeit leben, arbeiten, feiern, gestalten. Allein, wenn ich diesen Wunsch hier aufschreibe und hineinfühle, fühle ich mich gleich gut. Es ist so wie dieser Moment vor etwa drei Jahren, als ich zum ersten Mal das Zitat von Hilde Domin hörte und sofort davon berührt war:

»Ich setzte einen Schritt in die Luft, und sie trug.«

Dieses Zitat ist seit jenem Moment fest in mir verankert und hat mich geleitet bei all den Herausforderungen, die sich im Lauf der letzten beiden Jahre ergeben haben. Es hat mich begleitet, es hat mich gedrängt, es hat mich gewaltig nach vorne geschubst auf meinem Weg. Gerade ist ein Moment, in dem ich sehr tief berührt bin von dem, was gerade ist in meinem Leben, und auch demütig vor all dem Wunderbaren, was ich gerade erleben darf. Es ist eine riesige innere Freude, die jetzt zum Ausdruck gebracht werden kann. Und das ist unbeschreiblich. Ich bin jetzt wieder richtig neugierig auf all das, was da noch so kommt, und kann trotzdem immer wieder den Augenblick genießen.

Wow, das ist einfach schön.

Gudrun

Ute

> *»… Als integre Persönlichkeit gestehe ich mir Fehler zu und nutze sie in der Reflexion, um daran zu wachsen …«*

Integrität bedeutet für mich, mein Wertesystem zu leben – das, was ich für mich als richtig erkannt und erfahren habe, im Umgang mit der Natur und den anderen Menschen. Integrität muss sich also in meinem Handeln und meinen Worten ausdrücken. Da mein Wertesystem eine übergeordnete Macht beinhaltet, ob ich sie nun Quelle oder Gott nenne oder ihr einen anderen Namen gebe, muss ich auch sie in mein Leben integrieren. Das bedeutet, wenn ich danach gefragt werde, muss ich zu ihr stehen und sie nicht leugnen. Den Umgang mit ihr pflegen und sie für mich nutzen.

Eine integre Persönlichkeit ist für mich ein Mensch, der an sich arbeitet, bereit ist, sich seine Themen anzuschauen, und so immer bewusster wird. Jemand, der das Erfahrene dann ins Leben integriert und es so zum Ausdruck bringt. Jemand, der achtsam mit der Natur und den Menschen umgeht. Jemand, der anderen Menschen dabei behilflich ist, selbst eine integre Persönlichkeit zu werden, in dem er es authentisch vorlebt. Wenn dieser Mensch in der Gesellschaft seine Erfahrungen und Meinung offen vertritt und für das Gute einsteht, auch wenn es für ihn nicht immer von Vorteil ist, wirkt er als Beispiel.

Ein schönes Symbol dafür ist für mich die Entstehung eines Diamanten. Nachdem die Erde den amorphen Kohlenstoff bearbeitet hat, bringt sie ihn als einen wertvollen Edelstein zutage. Meistens ist ein Kristall klar, durchscheinend, funkelnd und zieht viele Menschen an. Wenn der Mensch vergleichbar klar und durchscheinend ist, ist er eine integre Persönlichkeit und kann sehr wohl eine ebensolche Wirkung haben. Meines Erachtens ist es ein stetiger Prozess, der vielleicht bis ans Lebensende dauert, weil das Leben mich täglich darin überprüft und wachsen lässt. Habe ich die Absicht, an mir zu arbeiten und meinen »inneren Diamanten« zu entwickeln, werde ich Erfolg haben.

Eine wesentliche Komponente der Integrität ist für mich die Ehrlichkeit. Ehrlichkeit zu und mit mir selbst, aber auch im Umgang mit anderen. Außerdem das Eingestehen von Fehlern. Ich glaube, als Menschen machen wir alle Fehler, aber nur wenige stehen dazu und können sie zugeben. Als integre Persönlichkeit gestehe ich mir Fehler zu und nutze sie in der Reflexion, um daran zu wachsen. Ich versuche, Fehler wiedergutzumachen, entschuldige mich oder bitte sogar um Vergebung. So übernehme ich für mich, meine Handlungen und Äußerungen die volle Verantwortung.

Ein weiterer Aspekt der Integrität ist für mich die Loyalität, besonders in Bezug zu Systemen. Wenn ich von etwas überzeugt bin, die Ziele und Werte mit meinen Wertvorstellungen übereinstimmen, bin ich dem System gegenüber loyal. Das stärkt und stützt das System und lässt es wachsen. Außerdem finde ich es wichtig, mich von kompetenten Menschen, solchen, die selber diesen Prozess durchlaufen, reflektieren zu lassen. Konstruktive Kritik oder Verbesserungsvorschläge anzunehmen und umzusetzen oder auch meinen als richtig erkannten Standpunkt durchzusetzen.

Abschließend kann ich sagen, dass ich mich mit zunehmender Dauer dieses Prozesses immer wohler fühle. Schön ist es, wenn ich sagen kann: »Ich bin ich und ich hoffe, es immer mehr zu werden. Mit mir geht es mir gut.«

Ute Hoffmann

Dagmar

»... Gate. Gate. Paragate ...«

Was bedeutet Integrität für mich?
Bin ich bereit, sie zu leben?
Ja, ich bin entschlossen, ein Homo integer zu sein.

Als Homo integer bin ich auf allen Ebenen im Einklang mit mir und dem großen Ganzen, dessen Teil ich bin und das mich mir spiegelt. Ich bin entzückt davon, wie harmonisch und einfach alles fließt, wie es fließt mit Freude und in Schönheit (Schönheit bedeutet für mich: Kosmos, die göttliche Ordnung). Ich bin lebensbejahend, lebensförderlich. Als Homo integer bin ich heil und heilsam, natürlich, einfach, spontan, direkt, aufrichtig, völlig unbefangen, offen, intuitiv, ganz im Hier und Jetzt, wie ein Kind, ein Schmetterling, immer im Flow, gottgewollt und glücklich, sage ja zu mir und meinem Selbstausdruck, ohne Zweifel oder Vorverständnis.

Ich weiß, dass ich ein winziger, einzigartiger Teil einer unendlich großen, weisen, meinem Verstand unbegreifbaren Kraft bin. Tief in mir oder draußen, überall finde ich Zugang zu dieser Kraft. Als Homo integer bin ich immer harmonisch verbunden mit dem großen Ganzen. Wenn ich mit deinem Armlängentest teste: »Ich bin integer«, kommt »Nein«. Also arbeite ich daran, unverdrossen. Ich bin 67 Jahre alt. Vor circa zehn Jahren habe ich zum ersten Mal (nach einer Krebserkrankung und anderen Krankheiten) gespürt und gemerkt, wie verbogen, verlogen, verdreht, unzufrieden, frustriert … wie unheil ich bin.

Nein, mit Anfang zwanzig hatte ich schon einmal eine große Chance (nach Selbstmordversuchen und Nahtoderlebnis). Damals habe ich mich – unter Qualen – den Vorstellungen meines Mannes und meiner Eltern gefügt, wie immer. Ich wollte »lieb« sein. Etwas anderes als Anpassung hatte ich bis dahin nicht gelernt oder einfach praktiziert. 2004 lernte ich Zen-Meditation kennen. Das rettete mein Leben – ich war austherapiert. Ich formulierte den Satz: »Ich schäme mich am meisten dafür, dass ich nicht die war, die ich bin, dass ich nicht einfach der Stimme meines Herzens gefolgt bin.«
Ich ging für sieben Wochen ins Schweigen und stieg anschließend aus meinem bisherigen Leben aus, so gut ich konnte: Ich beendete meine Ehe nach 37 Jahren, hängte Job (Kirchenmusik), mein Welt- und Menschenbild und mein relativ gesichertes, aber nicht mir entsprechendes Leben an den Nagel. Ich verlor dadurch praktisch meinen ganzen Bekanntenkreis, was mich anfangs erschreckte – ich war plötzlich ganz allein. Das war das Beste, was mir passieren konnte. Ich öffnete mich erstmals alternativen Heilweisen.
Die schwierigsten Themen waren und sind Selbstliebe, Reinheit des Herzens, Authentizität, alter Gedankenmüll und immer noch das Bedürfnis, (von anderen) wenigstens gesehen, geduldet, anerkannt, erwünscht oder gar geliebt zu werden.

Im *innerwise*-Intensivkurs fiel es mir wie Schuppen von den Augen: Ich mache mir selbst etwas vor, wenn ich meine, ehrlich zu sein. Ich manipuliere unentwegt – früher unbewusst, jetzt merke ich es wenigstens, meist auf sehr subtile Art. Immer steht der Wunsch nach Zuwendung dahinter und dahinter eine Anklage an einzelne Menschen, letztlich an die ganze Welt (ich armes, missbrauchtes Opfer). Ich sehe inzwischen immer öfter ganz glasklar, dass und wie ich das einfädele. Ich bin mit Masken durchs Leben gelaufen, immer »glücklich« und leistungsbereit, überangepasst bis zum Äußersten, in Wirklichkeit angespannt und voller Ängste. Ich wollte etwas wert sein, mir damit mein Lebensrecht verdienen.

Jetzt übernehme ich die Verantwortung für alles, was war, was ist, wie es ist und was mir in Zukunft begegnet. Ich sehe die vielen Zeichen, die Hilfen und Helfer auf meinem Weg und bin dankbar für alles. Nichts kann mich mehr erschrecken oder enttäuschen – wenn, dann nur kurz, immer kürzer. Ich kenne den Weg: Rein in den Mist, durch und weiter, weinend oder lachend – ist nicht so wichtig. Mein inneres Kind führt nicht mehr Regie. Ich bin kein verlassenes oder traumatisiertes Baby. Ich bin eine erwachsene Frau, kenne die Babygefühle und vieles andere auch. Schön, wenn ich viele verschiedenartige Erfahrungen gemacht habe, das ist auch ein Reichtum, aber jetzt ist jetzt.

Meine Absicht jetzt ist es, immer frisch, offen, lebendig und vor allem bewusst in jedem Moment zu sein, immer verbunden mit meiner Mitte, meinem tiefsten Wesen; dort sind Stille, Schönheit, Harmonie, Freude, Frieden, Freiheit, Liebe (ja, Liebe hat – noch nicht? – den ersten Platz, aber das sind ja eh alles nur Buchstaben, Annäherungen an etwas nicht wirklich in Worten Fassbares). Ich rufe mir immer wieder in Erinnerung, aus der Weisheit dieser Mitte heraus zu denken, sprechen, handeln.

Meine Tools, mein Weg: Wahrheit, Klarheit, Wachheit, Bewusstheit, Unabhängigkeit. Meditieren (in innerer Regungslosigkeit wertungsfrei beobachten, was in mir vorgeht), spüren, innehalten – am liebsten in der Natur. Ich bin still und schaue zu, was sich da entfalten will. Ich habe erkannt, dass ich gar keine Macherin bin, sondern eher oder auch etwas Zartes, Stilleres – mehr lauschend als tönend. Aufspüren, auflösen, hinterfragen von Projektionen, Blockaden, von allem, was hindert, einengt oder auf andere Weise nicht stimmt, meine Freude dämpft. All das mithilfe von *innerwise*, The Work, Lesen im Morphischen Feld, Quantenheilung und geduldig, denn es tauchen immer neue Schichten und Themen auf. Egal, ob ich schon ganz nah dran bin oder vielleicht noch meilenweit davon entfernt – so what?

Beispiele für meine Bereitschaft, ehrlich zu mir selbst und anderen zu sein: Ich räume meine Beziehungen auf. Viele habe ich beendet, die zu meiner Mutter habe ich verändert. Nach Jahrzehnten der Entfremdung und gegenseitigen unterschwelligen Vorwürfen und Gereiztheit kann ich ihr jetzt herzlich und verständnisvoll begegnen, ohne mich selbst zu verraten. Ich beobachte das sehr genau.
Die zu meinem Freund habe ich in der jetzigen Form beendet, obwohl er vor vier Wochen einen Oberschenkelhalsbruch und mehr erlitten hat und jetzt ziemlich trübsinnig im Rollstuhl sitzt. Da ich das Gefühl habe, dass es da noch einiges zu klären gibt (in mir), will ich nach angemessener Pause wieder in Kontakt mit ihm gehen. Ich will vor nichts davonlaufen. Ich will einen integren Abschluss.
Bei beiden, Mutter und Freund, kann ich sehr genau erkunden, wie, warum, wozu ich manipuliere. Ich falle

nicht mehr so oft in dieses Muster oder kann es radikal unterbrechen, wenn ich es bemerke.

Ich nehme mich ernst. Ich bin die größte Kostbarkeit in meinem Leben. Ich bin wichtig. Ich sage nein, wenn ich nein meine. Ich lasse mich nicht mehr benutzen und biete mich dazu nicht mehr an. Ich habe keinen Fernseher und keine Zeitung mehr. Ich folge nicht mehr meinem inneren Antreiber (andauernd etwas leisten, etwas lernen, etwas »Sinnvolles« tun), sondern lasse mich treiben. Ich breche Unternehmungen mittendrin ab, wenn sie für mich nicht mehr stimmen. Ich erkenne meinen Hang zu Askese, Geiz, Selbstverleugnung und gönne mir mehr Annehmlichkeit, Großzügigkeit, Zeit zum Genießen. Ich strolche gerne durch Feld und Wald, in irgendwelchen Kniebundhosen, und falle damit aus dem üblichen Rahmen. Das mache ich schon immer. Aber jetzt fühle ich mich dabei nicht mehr komisch.
Ich nehme Geld für meine Leistung – auch hier ohne schlechtes Gewissen (ist noch im Werden).

Kurz: Ich erkenne alte Prägungen und lege sie ab. Ich bin überzeugt, dass das mit einem Fingerschnippen möglich ist. Das Fremde fällt ab, und ich bin die, die ich bin. Ich brauche dafür im Moment etwas länger oder erlebe Rückfälle. Okay. Langsam, aber sicher schält sich ein neues Verhalten heraus. Ich spüre sofort nach, wenn sich etwas unstimmig anfühlt: Was ist los? Was steckt dahinter? Was will ich wirklich? Ich darf Fehler machen, straucheln, auch wiederholt – dann stehe ich auf und gehe weiter.

Gate. Gate. Paragate …

Dagmar Groeneveld

Helge, sein Beitrag ist auf Seite 54

Jasmine

»... Vive la Intégrité!«

Was bedeutet für mich Integrität? Ehrlichkeit zu mir selbst und anderen gegenüber. Integrität bedeutet, dass ich mir selbst gegenüber die Wahrheit eingestehe. Es bedeutet für mich, auch zu meinem Wort zu stehen – egal, wer mir gegenübersteht. Ich setze keine Maske auf, nur aus Angst, Freunde oder Liebe zu verlieren. Durch Aufrichtigkeit, Vertrauen, Authentizität und Vollkommenheit entsteht Freiheit und Reinheit.

Spüre ich in mich hinein und denke an das Wort Integrität, kommt bei mir Traurigkeit hoch. Weshalb? Ich stelle fest, dass in meiner Kindheit niemand aus meiner Familie integer war. Traurig, finde ich. Als Kind wurde mir von meinen Eltern und Großeltern vieles verschwiegen, um mich zu entlasten oder zu »schützen« – oder eher um sich selbst zu schützen! Von unehrlichen Personen umgeben zu sein, hat mir nur geschadet. Und was ich davon in mein späteres Leben mitnahm, war ein verzerrtes, selbsterstelltes Bild von meiner Familie. Wie ein Traum.

Erst mit Mitte dreißig, durch meine Ausbildung in Pränatal- und Geburtstherapiearbeit, erfuhr ich stückchenweise die Wahrheit und dann wurde mir auch bewusst, dass ich dasselbe Muster lebte wie meine Eltern. Aus Angst, meine Freunde zu verlieren oder zu enttäuschen, ging ich mit ihnen essen, obwohl ich keine Lust hatte, sagte ja statt nein, erfand Ausreden – wem zuliebe? Sicher nicht mir. Die einzige Person, die ich betrog, war ich selbst. Zurück blieben Erschöpfung und Frust.

Heute ertrage ich es beinahe nicht mehr, wenn Leute nicht ehrlich und direkt sind. Es macht mich wütend. Trotzdem habe ich manchmal noch Mühe, integer zu sein. (Resonanzprinzip sei Dank.) Vor allem bei meiner Mutter und bei meinem Schwiegervater fällt es mir nach wie vor schwer. Da verlässt mich immer noch ab und zu mein Selbstvertrauen und mein Mut. Hier sehe ich mein größtes Übungsfeld. Im Beruf will ich damit beginnen, schon am Telefon klar und deutlich meine Ansichten kundzutun. Letzte Woche rief mich eine Klientin an, die mir ihre Leidensgeschichte erzählte und danach sagte: »Die Ärzte wollten mir weismachen, meine Schmerzen seien psychosomatisch.« Am liebsten hätte ich ihr gesagt, dass ich das auch vermute. Aber nein, ich habe einen Termin mit ihr vereinbart und mir vorgenommen, meine Ansicht gleich beim Anamnesegespräch zu offenbaren. So weit kam es nicht, da sie dann absagte. Solche Zwischenfälle will ich in Zukunft vermeiden.

Im Restaurant werde ich gefragt: »Wie war das Essen?« Ich antworte: »Ja, gut«, obwohl das Essen nur lauwarm ist. Im Kleinen fängt es an und ich werde es mir gegenüber nicht mehr zulassen! Wieso ist es für uns Menschen eine solche Herausforderung, integer zu sein? Trotz enttäuschenden Erlebnissen halten wir konsequent daran fest, selbst falsche Gefühle vorzutäuschen. Wieso bringen wir unsere Absichten, Wünsche, Gefühle nicht zum Ausdruck und verstecken uns hinter einer Maske? Weil die nötige Selbstliebe fehlt. Nur meiner Familie gegenüber habe ich keine Hemmschwelle. Mit meinem Mann und meinen Kindern kommuniziere ich klar, aufrichtig und mit Herz. Ich habe aus meinen Kindheitserfahrungen gelernt.

Mein höchstes Ziel ist es nun, innezuhalten, den nötigen Mut zu kultivieren, meine authentischen Gefühle und Bedürfnisse zu leben – immer, auch wenn es nach meinem Empfinden unangenehm wird. Das heißt, ich lebe es und motiviere mein Umfeld dazu, es selbst zu leben. Aus Respekt mir und den Mitmenschen gegenüber. Ist doch wie bei Kindern. Ein gutes Vorbild sein, und es läuft beinahe wie von selbst. Ich fühle mich sogar von meinem ganzen Herzen verpflichtet, meinem Selbst gegenüber ehrlich und treu zu sein. Meinem seelischen Wohlbefinden zuliebe. Integrität wünsche ich mir ja auch von meinen Mitmenschen und sie macht das Leben einfacher, freier und fließender. So empfinde ich es auf jeden Fall.

Vive la Intégrité!

Jasmine Bertschy

Grit

»... Egal, wo – einfach tun!«

Es ist eine große, herausfordernde und auch wundervolle Aufgabe, sich auf den Weg zu machen, mehr Integrität zu leben. Ich habe mich seit November 2013 sehr intensiv mit dem Thema Integrität und integer sein beschäftigt. Viele Fragen sind mir dazu durch den Kopf gegangen und ich habe einige Zeit gebraucht, um sie für mich zu beantworten.

Wie viele Kompromisse lebe ich und in welchen Situationen?
Wann stehe ich nicht für meine eigenen Werte ein?
In welchen Situationen stimmen meine Worte nicht mit meinen Taten überein?
In welchen Situationen bin ich gerecht?
In welchen vertrauend?
In welchen bin ich mir selbst gegenüber nicht treu?
Wie viel Prozent meines Lebens lebe ich nach Bedarf und Notwendigkeit?
Was passiert, wenn ich einen ganzen Tag lang total ehrlich bin?
Wie fühlt es sich an, mehr davon zu integrieren?

Ganzheit – Unversehrtheit – Ehrlichkeit – Ungebrochenheit – Unbestechlichkeit. Das ist das Ziel. Integrität immer mehr zu leben, setzt aus meiner Sicht voraus, mit sich selbst im Reinen und bei sich zu sein. Es erfordert Mut, sich selbst anzusehen und zu überlegen: Bin ich in diesem Sinne auf meinem Weg?

Für mich war es extrem spannend, zu erfahren, ehrlich zu sein, anstatt Verständnis zu zeigen. Am Anfang habe ich Mut gebraucht, um es in die Praxis umzusetzen – das Kuriose war, ich fühlte mich auf einmal freier. Es fühlte sich gut an, einfach ehrlich zu sein und meinem Gegenüber die Entscheidung zu überlassen, wie es damit umgeht. Oft waren die Konsequenzen nur gefühlt extrem, in Wirklichkeit empfand ich es leichter, mit den Konsequenzen als mit einem Kompromiss klarzukommen.

In meinem Job verlangte ich oft von mir, diplomatisch zu sein. So habe ich es gelernt. Dabei Ehrlichkeit zu integrieren war echt eine Hausnummer, ein schwieriger Prozess. Dennoch habe ich irgendwann damit angefangen, und was sich bis heute dabei ereignet hat, ist mit Worten nicht einfach zu beschreiben. Meine Einstellung zu Diplomatie hat sich radikal geändert. Gleichzeitig hat mir das Unverständnis meiner Kollegen gegenüber meiner Ehrlichkeit gezeigt, wie weit der Weg noch ist.

Dennoch, ich will mich nicht mehr verbiegen und ich bin nicht mehr gewillt, in irgendeinem Bereich diplomatisch zu handeln oder zu lügen. Und ich habe die Erkenntnis gewonnen, es ist egal, wo – einfach tun! Einige meiner Kollegen nicken heute zumindest, wenn ich auf eine Frage im Meeting einfach eine herrlich ehrliche Antwort gebe – ist doch schon ein Anfang …

Die gleichen Erfahrungen habe ich im Umgang mit Regeln gemacht. Es gibt so viele davon, und ich habe für mich beschlossen, immer zu hinterfragen, wofür die Regel überhaupt erschaffen wurde, ob sie mich einengt und wem sie im Endeffekt nützt. Sehr amüsant, zu erleben, was passiert, wenn ich nicht jede Regel einfach so befolge. Gerade in den Reaktionen der anderen: Von Verblüffung über Erstaunen bis hin zu blankem Entsetzen ist mir alles begegnet. Immer öfter lasse ich heute vieles, was für mich nicht ehrlich, kompromisslos, regelfrei ist, einfach so stehen. Ohne Bewertung und völlig erwartungsfrei.

Ein weiteres Thema ist Bestechung. Ich habe mich ernsthaft gefragt, wo finde ich das bei mir? Es dauerte eine Weile, bis ich es genau bestimmen und unterscheiden konnte: Wo besteche ich und wo bin ich bestechlich. Spannend. Heute kann ich sagen, immer, wenn ich Kompromisse eingehe, bin ich bestechlich. Das war für mich eine sehr starke Erfahrung.

Ich habe erfahren, Integrität bewusst zu leben erfordert von mir Mut. Werte wie Ehrlichkeit, Kompromisslosigkeit, Unbestechlichkeit tagtäglich zu leben und ins Leben zu integrieren erfordert Achtsamkeit mir selbst gegenüber. Es bedeutet auch Loslassen von alten Glaubenssätzen und Ängsten. Das ist richtig Arbeit für mich gewesen. Ich bin überzeugt davon, es gibt noch einiges für mich zu tun: mich immer wieder auf mich selbst einzulassen, eigene Grenzen beim Denken und Handeln zu erkennen und sie aufzulösen, eigene Träume zu leben. Wichtig ist für mich, dass ich beginne, den Weg zu gehen. Heute gehe ich mit Freude und Leichtigkeit an die Aufgabe, Integrität immer mehr zu meinem Weg zu machen und dadurch ein klein wenig mitzuhelfen, die Welt zu verändern. Angefangen habe ich damit, mehr Integrität in die Berufswelt einzubringen, in Unternehmen und dort vor allem in die Führungsetagen. Ich denke, es ist wichtig, Integrität vorzuleben und dadurch Kollegen auf die Reise mitzunehmen.

Integrität bedeutet also zu entfalten, zu entwickeln, Wut, Traurigkeit, Angst und Schwere aufzulösen. Immer, wenn ich das umsetzen konnte – mit Staunen und Humor –, warteten Leichtigkeit, Freude und mehr Energie auf mich.
Grit Wismach

Beatrix

*» … Um ein integrer Mensch zu sein,
bin ich bereit, aus- und aufzuräumen, loszulassen,
durch den Schmerz
noch einmal hindurchzugehen … «*

Seit meiner Trennung im Jahr 2004 bin ich dabei, integer zu werden – in vielen kleinen Schritten – und ich habe dabei noch viel gemogelt, Kompromisse zugelassen. Arbeitsstellen, die mehr Energie kosteten, als sie brachten, habe ich ohne Netz und doppelten Boden gekündigt. Beziehungen, die nicht passten, habe ich beendet. Ich habe eine Zusammenarbeit mit jemandem beendet, von der ich mir Erfolg versprochen hatte. Das fiel mir nicht leicht.

Es gehört für mich unbedingt zur Integrität, Verantwortung zu übernehmen für das, was mir begegnet. Auf meine Intuition zu vertrauen und nicht Ängste, die aufkommen, zu nähren. Ich bin niemals Opfer der Umstände. Ich bin Schöpfer. Ich habe die Verantwortung, voll erwachsen zu sein, damit mein inneres Kind Kind sein darf.

Ich entdecke immer noch gut versteckte Muster.

Für mich ist Handeln angesagt, die Ärmel hochkrempeln und voll und ganz für mich sorgen. Meine Angst vor Erfolg und Eigenständigkeit war in der Tat ein gut versteckes Muster. Wäre ich eigenständig, würde mich niemand mehr unterstützen müssen. Als kleines Kind verband ich damit, keine Zuwendung zu bekommen und keine Liebe.

Bei alledem möchte ich in meiner Herzenergie sein. Ich liebe mich mit all diesen Seiten und ich habe sicher noch nicht alle entdeckt. Ich liebe mich und verschenke diese Liebe aus lauter Freude daran. Keine Manipulation unter dem Vorwand der Liebe. Keine Kontrolle. In meiner Partnerschaft sind wir beide frei, uns jeden Tag neu füreinander zu entscheiden. Wenn es nicht mehr so ist, lasse ich meinen Partner in Liebe frei, aber auch wenn es für mich nicht mehr so ist, gehe ich, aus Liebe zu mir und ihm. Ebenso lebe ich es mit meinen drei mittlerweile erwachsenen Kindern. Sie sind frei in ihrem Leben, sie dürfen erwachsen sein. Wenn sie mich besuchen, dann aus Freude, nicht weil ich es erwarte. Umgekehrt genauso.

Um ein integrer Mensch zu sein, bin ich bereit, aus- und aufzuräumen, loszulassen, durch den Schmerz noch einmal hindurchzugehen. Gerade räume ich mein Haus, meine Praxis und den Garten auf und entsorge alles, was nicht mehr zu mir passt oder was mit einer Erwartung verbunden ist (etwa, weil es mir geschenkt wurde).

Zur Integrität zähle ich auch die Wahrheit sprechen und leben. Selbst kleine Schwindeleien gehören nicht mehr dazu. In der Vergangenheit bin ich immer wieder zu Dingen bereit gewesen, weil ich mir einen Vorteil davon erhoffte. Nun bin ich sensibilisiert und sobald ich einen Anflug von Begierde bemerke, gehe ich aus der Situation und frage mich, ob ich das auch wirklich nur vom Herzen will, ohne vermeintliche Vorteile zu erhoffen. Heute weiß ich, dass ich auch Partner danach aussuchte, mit echter

Liebe hatte das nicht viel zu tun, denn das fühlt sich ganz anders an.

Meine momentanen Gefühle sind sehr wechselhaft. Ich fühle, dass ich diesen Weg so gehen will, aber es kommen immer mal wieder auch Existenzängste oder andere Ängste in mir hoch. Manchmal tun dann die Reinigungen im Innen und Außen auch körperlich weh. Am Ende bleibt aber immer ein Gefühl von Freude, Energie, Vertrauen und Liebe für alles, was und wie es ist.

Ich empfinde Dankbarkeit für alle Begegnungen und Spiegelungen.

Beatrix

René

*»… Ich fühle nun mehr Bewusstheit,
dass alles einen Sinn ergibt und ich
nun immer klarer werde …«*

Integrität – ich fühle in das Wort hinein und spüre, dass es nach innen geht. Das Kreative in meinem Inneren beginnt sich zu zeigen: eine innere Kommunikation, ein tiefes Verständnis meiner inneren Wahrheit. Eine Kommunikation, die aus meinem Herzen kommt. Ein Hören auf meine innere Stimme. Mein innerer Prozess als Individuum. Eine freie Seele, die sich als Individuum ausdrücken möchte und darf.

Der zweite Teil des Wortes Integrität – tegri – klingt fast wie Tiger. Ein Tiger, der sich in meinem Inneren zeigen möchte. Eine innere Kraft, die durch mich fließt und nach außen fließen möchte. Eine Herzensqualität, die ich in mir trage. Eine Liebe zum Leben, eine Liebe zu allen Wesen. Eine Kraft der Freiheit, eine Kraft der Freude, ein leichtes, kraftvolles Sein. Eine Kraft, zu mir zu kommen.

Ich habe das Bedürfnis, diese innere Kraft, diese innere Weisheit, diese innere Liebe zu leben, die bedingungslose Liebe, diesen inneren Frieden, diese innere Freiheit nach außen fließen zu lassen und mit anderen Menschen zu teilen, zu leben, sie zu berühren und auch berührt zu werden.

Ich stehe zu mir, lebe die innere Wahrheit und bleibe dieser Wahrheit treu! Eine Frage kommt auf: Wessen Wahrheit ist es denn? Es fühlt sich an, als ist es eine göttliche Wahrheit, die sich in mir ausdrücken möchte. Eine würdevolle Wahrheit, eine freiheitsliebende Wahrheit, eine freudige Wahrheit. Ein Ja zum Leben.

Diese Liebe zu mir und zum Sein, diese Liebe zum größeren Ganzen, die Erkenntnis, dass ich ein Teil des größeren Ganzen bin und als dieser Teil eine Aufgabe im Hier und Jetzt haben möchte. Eine Liebe zur Erde, zu den Pflanzen, zu den Lebewesen. Eine Liebe zum ganzen Universum. Eine Schwingung, die in Harmonie sein möchte. Eine innere Harmonie, die mit allem gleich schwingen möchte. Liebe, die in mir am Wirken ist und nach außen möchte! Mit diesen Aussagen kommt mir ein weiterer Gedanke, der in meinem Leben am Wirken ist: Ich bin ein Suchender, der nach Harmonie in seinem Leben Ausschau hält. Befreit von Ladungen, die mich hindern, auf meinem Lebensweg zu gehen.

Ich habe in letzter Zeit einen tiefen Lernprozess hinter mir, auf den ich hier nicht weiter eingehen möchte, weil es zu lange dauern würde. Nur so viel möchte ich dazu sagen: Dass ich von diesen tiefen und harten Zeiten, in denen ich am Abgrund meines Lebens stand, ein großes Geschenk erhalten habe! Ich fühle nun mehr Bewusstheit, fühle, dass alles einen Sinn ergibt und dass ich immer klarer werde. Ich kann die Verbindung zu meinem eigenen Lebensweg und zu meinem eigenen Wesen, meiner Seele spüren. Durch das Hindurchgehen durch diese Erfahrungen werde ich für mein weiteres Leben große Erkenntnisse ziehen können, die mir niemand mehr nehmen kann.

Ein großer Dank gilt der Hingabe ans Leben. Ein Stück mehr Wahrheit wird spürbar, ein innerer Frieden kommt auf. Ein Einssein mit dem, wonach ich gesucht habe: ein Licht in dieser Welt zu sein.

René

Robert

*»... Handle ich bei meinen Vorhaben
nach Bedarf und Notwendigkeit? ...«*

Lebe ich tatsächlich meine Wahrheit, oder meine ich nur, dies zu tun? Verstelle ich mich sogar und bilde es mir nur ein? Bemerke ich, wenn ich Lebensmodellen folge, die nicht meine sind? Und bin ich bereit, damit aufzuhören, wenn ich es erkannt habe?
Bin ich vom Leben überfordert oder gelangweilt? So oft konnte ich beobachten: In beiden Phasen trinken Menschen gerne (oft im Übermaß) Alkohol, um diese Zustände auszuhalten. Warum wird dann regelmäßig Wein, Bier und Hochprozentiges konsumiert? Um sich zu betäuben, um aufsteigende Gefühle unten zu halten und sie nicht anschauen zu müssen – dies führt zum dauerhaften Selbstbetrug.

Die Kraft der Sympathie

Mir ist bewusst geworden, dass wir alle neben den typischen Emotionen wie Wut, Angst und Eifersucht von Gefühlen der Sympathie und Antipathie geleitet werden. Hinter beiden kann so einiges stecken: Lebenslektionen, Irreführung, Wegweiser und Erkenntnisse, die einen bestätigen und bestärken. Wenn ich mit einem Menschen zu tun habe, dessen Ausstrahlung, Verhalten oder Handeln mir missfällt, dann stelle ich mir als integre Persönlichkeit zuerst die Fragen: Was hat es mit mir zu tun? Wird mir hier durch den anderen meine Schattenseite widergespiegelt, die ich in mir nicht sehen möchte?

Ich lebe Integrität, wenn ich bei Menschen, die auf mich unsympathisch wirken, zuerst das Besondere, das Göttliche in ihnen suche und mein verurteilendes Denken seinlasse. So wende ich meinen negativen Fokus zum Positiven und kann dazu beitragen, dass Menschen ihre Stärken erkennen, weil ich genau danach in ihnen suche. Ich fühlte oft, dass deren Verborgenes nach außen möchte und nur von enttäuschenden und nicht geheilten Erlebnissen überdeckt ist. Ich konnte erkennen, dass ich Menschen, die mir unsympathisch sind, dankbar sein darf. Sie stoßen mich an, Unbewusstes, oft auch Ängste in mir zu erforschen. Gleichzeitig muss ich jedoch zugeben, es gelingt mir nicht immer.

Doch es gibt noch eine weitere Aufgabe: Es kann auch sein, dass ich durch unsympathische Menschen herausgefordert werde, ehrlich zu sein. Manchmal verspürte ich in mir einen Impuls, diesen Personen einen Hinweis zu geben. Ich bemerkte in meinem Inneren oft das Bedürfnis, meine Skepsis auszusprechen. Jedoch fürchtete ich mich, die Wahrheit zu sagen – aus Angst, jemanden damit zu verletzen, aber auch aus Angst, mich zu blamieren oder eine unfreundliche Diskussion hervorzurufen. Das führte mich dazu, mir genau meine Abneigung anzusehen. Übermittle ich meine Wahrnehmung, muss ich immer damit rechnen, dass Menschen diese Hinweise nicht annehmen oder falsch verstehen können.

Wenn es in bestimmten Situationen meine Aufgabe ist, dass ein Mensch die Wahrheit in sich erkennt und die Liebe lebt und bestimmte Faktoren diesen Prozess behindern, dann finde ich auf liebevolle und wohlwollende Weise die richtigen Worte, die die Seele der oder des Betroffenen annehmen kann. Feingefühl ist angesagt, damit sich niemand verletzt und ausgeschlossen fühlt. Ich muss zugeben: Es ist manchmal ein Spagat und natürlich gibt es Menschen, die direkte und sogar gnadenlose Ehrlichkeit brauchen. Aber bemerke ich, dass in meinem tiefsten Inneren trotz allem die Abwehrhaltung bleibt, dann habe ich die Aufgabe, meinem Gefühl zu folgen und Konsequenzen zu ziehen. Früher sagte ich mir: »Du musst mit jedem auskommen! Du hast die Aufgabe, harmonisch und versöhnlich zu sein!« Das ist nach meiner heutigen Auffassung einfach nicht möglich. Ich kann zwar eine wohlwollende Grundhaltung haben, aber wenn mir eine Person von Anfang an unsympathisch ist, etwa in dem, wie sie spricht und was sie von sich gibt, wird sich auch mein Gefühl gegen eine weitere Konversation mit ihr aussprechen.

Antipathie lässt viele negative Emotionen im Menschen hochkommen und blockiert, aber wenn es um Zusammenarbeit geht, ist die Energie der Sympathie die stärkere Kraft! Sie überwiegt, weil sympathische Gefühle beflügeln und das Miteinander fördern. Wenn ich jemanden sympathisch finde, kann ich auch seine Stimme hören. Dann gefallen mir in der Regel auch die Themen, die ihn beschäftigen, und folglich will ich mit diesem zusammenarbeiten. Mögen die Ideale und Ziele die gleichen sein: Nur Menschen, die sich gegenseitig sympathisch sind, werden Großes auf die Beine stellen. Ich bin der Überzeugung, jeder tut gut daran, seine Konzentration darauf zu richten, welcher Gedanke, welcher Mensch, welche Situation einem sympathisch ist oder nicht. Wir wünschen uns natürlich immer nur Positives, doch es gibt ebenfalls viel zu lernen, wenn Antipathie aufkommt. Es ist nicht immer angenehm, aber es kann die Entwicklung fördern.

Vom Verstand zum Herz

Integrität leben heißt für mich, in meinem Tun ins Herz zu kommen. Ich kann vieles wissen und es meinem Verstand nach als das einzig Richtige erachten, etwa Liebe in der Welt zu verteilen. Gleichzeitig darf ich darauf achten, es vom Herzen her zu leben. Vorfälle und Erlebnisse in meinem Leben, die mich unglücklich gemacht haben, führen fast immer zu der Trennung der Verbindung von Denken und Fühlen. Der Verstand führt das Handeln und will im Grunde Ideale leben, doch nur wenn das erdachte oder gewünschte Ideal von Herzenskräften durchdrungen ist und gelebt wird, kann ich integer sein und mein Umfeld mit meinem Dasein berühren. Unabhängig davon, welches Schicksal mir bisher widerfahren ist.

Es ist für mich deshalb noch wichtiger geworden, zu fragen: Lebe ich das, was ich sage oder denke? Sagt mein Herz zu meinem Verhalten, zu meinen Aktivitäten ja? Oder bin ich in einem Zustand der Enttäuschung steckengeblieben? Fehlt mir die Fähigkeit zu vergeben? Bin ich verblendet und sehe nicht, dass mein Herz aufgrund dessen noch nicht aktiv werden konnte? Wenn ich enttäuscht meine, mir etwas von anderen nehmen zu müssen, weil ich mich benachteiligt fühle, dann erkenne ich nicht, dass mir der Flow im Leben fehlt. Fügungen können mich dann auch nicht zum Staunen bringen und ebenfalls nicht die Erkenntnis, dass das Leben bereit ist, mich zu tragen.

Die Voraussetzung dafür ist, dass ich mich entscheide, meinem Herzen zu folgen. Denn es weiß von der ureigensten individuellen Lebensaufgabe. Selbstbeobachtung und die Aufmerksamkeit der Energien um mich herum zeigen mir, ob sich Ladungen in mir aufgebaut haben oder sich verstecken. Sobald ich bemerke, dass ich unter Anspannung stehe oder ein Unwohlsein fühlbar wird, mache ich mich auf die Suche, dies zu klären und zu transformieren – das ist mein zukünftiges Bestreben.

Das Aussprechen von Gefühlen, von Bedarf und Notwendigkeit

Seit einigen Jahren beschäftigt mich neben der Wahrnehmung das Aussprechen von Emotionen! In diesem Fall lebe ich keine Integrität: Um Harmonie im Äußeren zu halten, spreche ich nicht über Gefühle der Wut oder über meine Gedanken und wahre den Anschein, als wäre alles okay. Damit bleibe ich wie ein Schauspieler in seiner Rolle. Es gibt typische Alltagsbeispiele: Wenn ich mit jemandem nicht telefonieren möchte, dann lasse ich mir eine Ausrede einfallen, aus Höflichkeit oder um die Person nicht abzuweisen. Mein Ziel ist in Zukunft, ehrlich zu antworten: »Nimm es mir bitte nicht übel, aber zurzeit möchte ich nicht telefonieren, weil …« Und ich höre auch auf, mir Gedanken zu machen, wie es jemand auffasst.

Bevor ich mit *innerwise* in Kontakt gekommen bin, habe ich die Stärke meines Verstandes an vorderste Stelle gestellt. Danach war mir klar, dass das Vertrauen in meine vorhandene und nicht immer voll genutzte Gefühlswahrnehmung gestärkt werden darf. Somit erhöhe ich meine Integrität, wenn ich nicht nur sage, was ich denke, sondern wenn ich sage, was ich fühle. Wir sind durch unsere gesellschaftliche Prägung selten ermuntert worden, unsere Intuition zu nutzen. Impulse »aus dem Bauch heraus« sind von unserem Umfeld viele Male als bloße Phantasie abgekanzelt worden. Die Argumente des Verstandes, der so viel will, sind einfach lauter als das leise Flüstern der inneren Stimme, die einem viel über Menschen, Räume, Felder, Situationen und Aufgaben mitteilen kann.

Ich bin integer, wenn ich auf meinem Weg nicht mehr die Frage stelle: »Was will ich alles Tolles machen und was ist möglich in meinem Leben?«, sondern wenn ich frage: »Handle ich bei meinen Vorhaben nach Bedarf und Notwendigkeit?« Für mich ist es immens wichtig, zu erkennen, was nach meinem eigenen Lebensplan vorgesehen ist. Ich möchte in Zukunft tatsächlich bei meinen Aufgaben nur noch fragen: »Was soll sein? Was ist notwendig?« Ich kann diese Sätze bejahen: »Nicht alles, was im Leben möglich ist, ist notwendig! Nicht immer ist für meine Taten Bedarf da!« Und deshalb kann ich aufhören, viel tun zu wollen, um mich wertvoll zu fühlen. Handle ich nach dem Bedarf und der Notwendigkeit und weiß ich, was sein soll, dann kann ich auch viel früher Zufriedenheit erlangen und genau das nimmt so viel Druck heraus. Die Anspannung kann weichen und der Fluss wiederhergestellt werden.

Manipulation und Strategie

Auf meine Gefühle zu achten, sie deutlicher wahrzunehmen, ist eine Notwendigkeit! In den letzten Tagen habe ich erkannt, dass es mir nicht immer bewusst ist, welche Emotionen überhaupt da sind und ausgesprochen werden wollen. Da ich weiß, dass ich Menschen »missbrauchen«

kann, wenn ich meine Gefühle im Opfermodus mitteile, will ich ab jetzt erhöht achtsam sein.

Ich will als integrer Mensch Prozesse begreifen, aufrichtig und liebevoll handeln. Meine Aufgabe sehe ich darin, zu fragen: »Was heilt die Situation dauerhaft?« Ein integrer Mensch hat in meinen Augen eine liebevolle Grundhaltung und strahlt Wohlwollen und Vertrauen aus. Ebenfalls ist er frei von Ängsten und kann dadurch Heilung auf beiden Seiten, bei allen Beteiligten schaffen und geschehen lassen …

Robert Plucinsky

Helge

*»… Ich war froh, ihn mit einem
Lächeln gehen zu sehen …«*

Ich konnte meinen Vati fast ein Jahr lang begleiten und war froh, ihn mit einem Lächeln gehen zu sehen. Dabei hatte ich die Möglichkeit, viele Ladungen aufzulösen und viele Schuldvorwürfe ihm gegenüber zu transformieren. Es war auch ein Aufatmen und letztlich eine kleine Befreiung für mich.

Das Thema der inneren Größe hab ich noch nicht geknackt.
Ich habe aber fleißig an mir gearbeitet.

Helge Jany

Fatma

*»… So viel Ehrlichkeit war
einfach nur heftig …«*

Jeden Morgen, wenn ich aufstehe, mache ich ein kleines Begrüßungsritual, das ich mit »Guten Morgen, Mutter Erde …« beginne. Aber an diesem Morgen ist etwas sehr Seltsames passiert. Aus meinem Mund sprudelte plötzlich: »Guten Morgen, liebes *innerwise*. Ich weiß, ich habe lange Zeit nicht mit dir geredet. Aber heute Morgen bitte ich dich, einen großartigen Tag gemeinsam mit mir zu verbringen. Bitte zeige mir, was du mich erkennen lassen möchtest.« Ich bemerkte, wie ich während dieser Worte zu lachen anfing, weil ich es auf einmal sehr lustig fand, dass ich das schon lange nicht mehr getan hatte.
Und dann begann der Tag.

Ich frühstückte mit meiner Mama und wir fingen ein Gespräch an, in dem es um unsere Beziehung zueinander ging und darum, wie ehrlich wir miteinander sind. Dieses Thema ist seit Jahren sehr zäh und schwer. Wir beide haben das Gefühl, unser Leben nicht frei leben zu können, weil wir so besorgt um den anderen sind.

Es ging in unserem Gespräch um Sätze wie »Pass auf dich auf!«. Und warum wir anstelle von »Pass auf dich auf!« nicht sagen können: »Hey, ich vertraue dir und deinem Weg. Also geh ihn und alles ist, so wie es ist, okay.« Warum sagen wir »Pass auf dich auf!«? Sagen wir das, weil wir wirklich besorgt um den anderen sind, oder ist es vielmehr, weil wir besorgt sind um unser eigenes Wohlbefinden? Was würde denn passieren, wenn du nicht auf dich aufpasst und es würde was geschehen, etwa ein Unfall?

Meine Mama sagte: »Ich sage das doch nur, weil ich mich wirklich um dich sorge und nicht möchte, dass dir etwas Schlimmes geschieht!« Daraufhin entgegnete ich ihr: »Dann sag mir doch bitte mal, was mit dir passiert, wenn so eine Situation eintreffen sollte.« Nach langem Hin und Her kam sie auf den Punkt. Sie wäre dann ganz alleine und hätte niemanden mehr in ihrem Leben. Keinen, der für sie da ist und sich um sie kümmert! Keinen, der sie liebt. Es hat sich für mich angefühlt, als ob in ihr eine Atombombe hochgehen würde. Sie war total geschockt über das, was sie gerade herausgefunden hatte. Damit war die erste Schicht ihres Putzes runter, kurz darauf kam die zweite und die sah so aus: Ich sagte, dass es sich für mich kacke anfühlt, wenn sie das immer und immer wieder sagt. Und ob sie sich denn nicht vorstellen könnte, dass ich meine eigenen Erfahrungen machen muss. Ob sie denken würde, dass ich die Verantwortung für mein Leben nicht übernehmen könnte. Daraufhin meinte sie, sie müsse über mir stehen und mich kleinhalten. Denn das ist es doch, den anderen kleinhalten, ihm nicht zuzutrauen, dass er sein Leben leben kann. Und ich sagte ihr, sie solle sich doch mal in mich hineinfühlen. Erst sollte sie zu mir »Pass auf dich auf!« sagen und dann: »Ich vertraue dir, dass du deinen Weg gehen wirst.«

Meine Mama war geflasht davon, was dadurch mit ihr passierte. Und sie sagte, es sei das erste Mal in ihrem Leben (sie ist 77!), da ihr bewusst wurde, dass sie mir und meinem Papa Energie raubt, indem sie »Pass auf dich auf!« sagt. Dass sie uns damit kleinmacht. Und alles nur, weil sie nicht allein sein will und geliebt werden möchte. Dann kamen wir darauf, dass sie ihr ganzes langes Leben lang anderen immer Gutes getan hat und immer wieder enttäuscht wurde und kaum auf ihre eigenen Bedürfnisse geachtet hat und immer, ja, immer!, Kompromisse eingegangen ist. Und wir haben mal in dieses Feld hineingeschaut. Krass, was da zum Vorschein kam. Sie hat nach vielen Nachfragen meinerseits herausgefunden, dass die Hilfe, die sie anderen angeboten, ja geradezu aufgezwängt hat, immer damit zu tun hatte, dass sie Anerkennung gesucht hat und wieder nicht alleine sein und geliebt werden wollte. Sie hat den anderen nicht zugetraut, ihr eigenes Leben leben zu können, und wollte jedem und allem das Gefühl geben, ohne sie geht es nicht. So hat sie sich selbst unglücklich gemacht, 77 Jahre lang ... Sie war zutiefst erschüttert. Das war gut so!

Ich habe auch einiges über mich selbst herausgefunden. Warum ich mir so sehr Sorgen um sie mache. Warum ich sie immer wieder blöd anmache, wenn sie nichts für sich selber tut, etwa spazieren geht. Am Ende kam raus, ich tat das alles nur, weil ich Angst hatte, ihre finanzielle Unterstützung zu verlieren, wenn sie von heute auf morgen nicht mehr da wäre. Du, ich kann dir sagen, mir war so schlecht, ich hätte nur noch kotzen können. So viel Ehrlichkeit war einfach nur heftig.

Diese Therapie ging so für ungefähr zwei Stunden. Immer wieder wurde eine Aussage getroffen, dann darüber diskutiert, und so hat sich bei uns beiden eine Schicht nach der anderen geöffnet. Ich war nur noch fasziniert von dem Facettenreichtum unserer Persönlichkeiten. Uns geht es seitdem beiden so gut, mir sind Flügel gewachsen. Ich kann mich gar nicht daran erinnern, wann ich das letzte Mal so viel Kraft, Elan und Energie hatte. Mein Herz klopft wie verrückt. Und das Beste an allem ist, der Schwindel, den meine Mama hatte, ist auf einmal wie weggeblasen. (Zuvor waren wir deswegen bei zig Ärzten und keiner hat etwas gefunden.)

Das Feld ist bereinigt und fühlt sich ganz hell, leicht und wundervoll an. Ich könnte die ganze Zeit tanzen und lachen und sie umarmen, weil es einfach so ehrlich ist.

Fatma Albrecht

KOMPROMISSE
und andere Lügen

»Ein Kompromiss hier, ein kleiner dort.
Ist doch alles nicht so schlimm und machen doch alle so.«

Nein. Mit den Ausreden kommst du beim Leben nicht durch.

Kompromisse sind Lügen an uns selbst und das Leben. Und du zahlst dafür. Uns allen stehen hundert Prozent Lebensenergie zur Verfügung und wir alle können entscheiden, wie wir sie einsetzen: welchen Anteil davon für uns und welchen Anteil gegen uns. Wenn du schwach, depressiv und erschöpft bist und deine verfügbare Lebensenergie nur noch bei dreißig Prozent liegt, bekommst du weder von mir noch vom Leben ein Taschentuch für die Tränen – oder Psychodrogen für das Glücklichsein. Dein Opferdasein wird nicht unterstützt und du nicht entmündigt.

Das Beste, was du in dieser Situation tun kannst, ist, eine Liste deiner Kompromisse aufzuschreiben und dann in den nächsten Tagen, Wochen und Monaten einen Kompromiss nach dem anderen zu beseitigen. Mit jedem dieser Schritte steigt deine verfügbare Lebensenergie an.

Wenn du zu mir als Therapeut mit dreißig Prozent Lebensenergie kommst, wird meine Frage an dich sein: »Was machst du mit den siebzig Prozent? Wie verwendest du diese gegen dich?« Da du dir diese Fragen auch selber

stellen kannst, kannst du dir den Aufwand sparen, zu mir zu kommen. Und ich kann dir eh nicht dabei helfen, den Mut aufzubringen, um die Kompromisse zu beenden. Das musst du schon selber tun.
Und du darfst so lange leiden, bis du dich selber nicht mehr ertragen kannst und endlich die Entscheidung triffst, leben zu wollen.

Alles, was ich tun kann, ist, dich durch die Art, wie ich lebe, zu inspirieren und dir zu zeigen, dass ein Leben fast ohne Kompromisse möglich ist. Und wie schön sich die damit verfügbaren fast hundert Prozent Lebensenergie anfühlen.

Ich bin all den Menschen so dankbar, die ihre Lebensgeschichten hier im Buch zur Verfügung stellen und dir mit ihren Inspirationen die innerliche Ausrede nehmen, nichts zu verändern.

Noch ein Tipp an dich: Wenn du anfängst, deine Kompromissliste zu klären, beginne immer mit dem größten Kompromiss, nicht mit dem kleinsten. Dann schaffst du es, sie alle loszulassen, und kannst Leben in seiner Freiheit und Schönheit erfahren.

Dein Uwe Albrecht

Marco

»... Um integer leben zu können, bedarf es für mich auch der Hoffnung und des Vertrauens in mich und ins Leben ...«

Grundsätzlich bedeutet Integrität für mich, nach meinen Werten, meiner Wahrheit und in Übereinstimmung mit meinem tiefsten Inneren, meiner Seele und deren Lebensplan zu leben. Ein Wert, den ich nicht lebe, ist nichts wert. Eine Wahrheit, nach der ich nicht lebe, wird zu einer Lüge. Dort, wo ich mich habe brechen, verführen oder sonst wie von meinem Weg abbringen lassen, ist Schmerz oder gar Krankheit entstanden, für mich Signale, in mich hineinzuhorchen, meine innere Stimme wiederzufinden und danach zu leben, was sie mir sagt. Auch gegen innere und äußere Widerstände. Dann werde ich wieder ich selbst sein, werde wieder heil und ganz. Dann kann ich wieder ehrlich zu mir sein und mich dem Leben und meinen Aufgaben stellen.

Dabei zählt jede Erfahrung, egal ob sie schmerzhaft oder freudvoll ist. Denn immer gilt es, in Dankbarkeit zu erfahren und zu lernen, was das Leben auf Mutter Erde in der Dualität ausmacht. Dafür sind wir hier. Sich nur die Rosinen aus dem Leben picken zu wollen verhindert Wachstum und Entwicklung, die für mich auch zu Integrität dazugehören. Was sich nicht entwickelt und verändert, ist tot.

Immer bewusster zu werden, zu erkennen und zu integrieren, wer ich bin, was mich ausmacht, was meine Geschenke ans Leben sind, gehört auch dazu. Und auch die Verantwortung für das zu übernehmen, was mir nicht bewusst war oder noch nicht ist. Denn ich kann niemandem die Verantwortung für mein Handeln, meine Schöpfung und mein Leben übergeben. Dabei achtsam, respekt- und taktvoll sowie wertschätzend mit mir selbst und anderen zu sein, bewahrt mich davor, mich manipulieren zu lassen und anderen ihre Energie und Lebenszeit zu stehlen. Der freie Wille wurde uns von der Quelle gegeben und ihn zu respektieren ist für mich sehr wichtig. Ebenso wie eine Haltung von Gleichwertigkeit.

Meine Projektionen zurückzunehmen – also sagen zu können, ich bin ich und ich bin auch du – hilft mir dabei, mich selbst im Spiegel der anderen zu erkennen und das Verurteilen zurückzunehmen. Tue ich dir weh, tue ich auch mir weh. Ich ernte, was ich säe, also darf und kann ich selbst entscheiden, was ich zurückbekommen möchte. Um integer leben zu können, bedarf es für mich auch der Hoffnung und des Vertrauens in mich und ins Leben. Es braucht Mut, Courage, Festigkeit und innere Stärke, denn sonst verliere ich mich selbst in Ängsten, die mich manipulierbar machen und andere manipulieren könnten.

Marco Staats

Barbara

*»... Ich gehe, wenn ich es nicht für richtig halte,
an dem Ort zu bleiben ...«*

Ich nehme niemandem mehr bewusst etwas weg, weil ich davon überzeugt bin, dass dann auch mir etwas weggenommen wird. Ich sage sofort »Nein«, wenn ich eine Sache nicht will, und verhindere dadurch Hinterhältigkeiten. Ich gehe, wenn ich es nicht für richtig halte, an dem Ort zu bleiben.

Was ich aber überhaupt nicht weiß:
Woran erkennt man, dass es mein eigenes Wertesystem ist und nicht das der Gesellschaft oder der Leute um mich herum? Oder der Eltern, oder wer einen noch so beeindruckt hat.

Barbara Klein-Jahns

Petra

> *»… Jedes Mal wenn ich mich für den Weg meines Herzens – und damit für die Integrität – entschieden habe, hat das Leben mich unterstützt …«*

Diesen Text aufs Papier zu bringen war für mich ein Weg von mehreren Wochen – eigentlich begann er mit der Information, sich dafür bewerben zu können. Das Erste, was mir zu dem Thema eingefallen ist: dass jeder Einzelne, der sich ab diesem Zeitpunkt mit dem Thema Integrität beschäftigt und seine Gedanken, Gefühle und Emotionen dazu niederschreibt, das gesamte System nährt und ihm hilft, sich weiterzuentwickeln. Was für eine geniale Idee! Allein dafür wollte ich meinen Teil dazu beitragen und aufs Papier bringen, was Integrität für mich bedeutet.

Dem Weg meines Herzens zu folgen bedeutet für mich, integer zu sein. Dieser Herausforderung durfte ich mich an mehreren Weggabelungen in meinem Leben stellen. Und jedes Mal wenn ich mich für den Weg meines Herzens – und damit für die Integrität – entschieden habe, hat das Leben mich dabei unterstützt.

Erst einmal war es die Herausforderung, meinen Job als Bankkauffrau an den Nagel zu hängen und ohne jede Planung eine kinesiologische Praxis mit Schwerpunkt Ernährungstypbestimmung zu eröffnen. Allerdings sperrte sich schon nach kurzer Zeit in mir etwas gegen die Arbeit mit der klassischen angewandten Kinesiologie. Es war mir zu kompliziert, zu strukturiert, zu starr, zu eng, zu eingeschränkt, zu sehr »vorherbestimmt«. Es gab einen Teil in mir, der immer wusste, dass es eine Form der Kinesiologie gibt, die mir die Freude und die Leichtigkeit am Arbeiten zurückbringt.

Auf der *innerwise*-Intensivwoche war es so weit, dass ich diese Form nicht nur erkennen, sondern vielmehr annehmen durfte. Insofern war auch die Entscheidung gegen die klassische angewandte Kinesiologie hin zu *innerwise* eine Entscheidung, die mich mir selbst gegenüber integer sein hat lassen. Diese Entscheidung hat nicht nur mein Herz, sondern auch die bis dorthin fest verschlossene Tür zu meinen Talenten und Begabungen geöffnet. *innerwise* hat mich auf den Weg meines Herzens zurückgebracht und lässt mich verbunden – integriert – mit einem System, einem Wesen fühlen, das nicht allein von sich selbst, sondern vor allem von den Talenten, Begabungen, Fähigkeiten, Erfahrungen, Erkenntnissen, Gefühlen, Emotionen und auch von der Freude und Leichtigkeit seiner Anwender lebt.

Und genau das ist es, was mich so erfüllt und begeistert. Immer wieder kann ich die Lebendigkeit dieses Wesens spüren und erfahren und fühle mich somit selbst wieder lebendig und voller Freude im Hinblick auf die Arbeit mit dem System. Ich fühle mich als Teil eines lebendigen Systems, integriert in ein großes Ganzes, das sich Tag für Tag verändert und weiterentwickelt – im selben Ausmaß, wie seine Erfinder und Anwender sich verändern und entwickeln. Insofern bedeutet Integrität für mich nicht nur das Gefühl von Zugehörigkeit, sondern auch die Bereitschaft, mich mit dem System mit zu verändern und zu entwickeln, die Bereitschaft, offen zu sein für alles, was da ist und was noch kommt – und den Weg mit dem lebendigen System zu gehen. Zumindest so lange, wie ich dabei ich selbst bleiben kann – solange ich mir selbst gegenüber integer bleiben kann.

Petra Berger

Christine

*»… Integrität heißt für mich: sich selber treu sein.
Sich vertrauen, trauen …«*

Integrität zu leben heißt für mich: Entwicklung!

Ich habe Zahntechnikerin gelernt. Mit 21 Jahren bekam ich mein erstes Kind: Reto! Vier Jahre später kam Bettina zur Welt und fünf Jahre danach Claudia. Mein Lebensinhalt waren meine Familie, Kinder, Tiere und mein Garten. 1993 kündigte sich eine Veränderung an. Durch Zufall lernte ich die Vitalpraktik-Schule kennen. Spontan entschloss ich mich, die einjährige und berufsbegleitende therapeutische Ausbildung zu starten. Dabei wurde ich mit dem Therapeuten-Virus infiziert! Es war ein spannendes und intensives Jahr. Während dieser Ausbildung wurde ich sehr oft mit meiner persönlichen Integrität konfrontiert.

Die Ausbildung weckte in mir große Pläne: Selbständigkeit, eigene Praxis. Doch manchmal kommt es anders, als man denkt! Unverhofft wurde ich mit unserem vierten Kind schwanger. Was sollte nun aus meinen Plänen werden? Enttäuschung, Freude, Unverständnis – viele Gefühle plagten mich. Bald durfte ich erkennen, warum ich schwanger wurde. Es ist nicht möglich, mit Menschen zu arbeiten, ohne die eigene Integrität zu fühlen und zu spüren! Ich muss und will meine eigene Integrität finden und entwickeln.

Die Praxispläne rutschten in den Hintergrund. Ich bin sehr dankbar, dass unser jüngster Sohn zu uns gekommen ist. Von und mit ihm durfte ich sehr viel lernen. Obschon ich nun wieder überwiegend Mutter war, nahm ich mir die Zeit, mich selber weiterzuentwickeln. Ich las viele Bücher, besuchte Kurse und machte weitere Ausbildungen! Jeder Kurs und jede Ausbildung hat mich näher zu meiner Integrität gebracht. Heute habe ich meine eigene Praxis und ich bin sehr stolz!

Integrität heißt für mich: die Verbindung vom Kopf mit dem Körper. Die Wahrnehmung der Sinne spüren. Das Verständnis der Sprache des eigenen Körpers.

Integrität heißt für mich: sich selber treu sein. Sich vertrauen, trauen. »Wasser predigen und Wasser trinken!« Das Leben in die Hand nehmen! Eigenverantwortung übernehmen. Was will ich, wohin gehe ich!!

Integrität heißt für mich: der Mensch als Ganzes, Körper, Geist und Seele.

Integrität heißt für mich: Respekt. Ich behandle meine Mitmenschen so, wie ich gerne behandelt werden möchte. Den Mitmenschen respektieren!

Integrität heißt für mich: Verbindung zum Urvertrauen.

Ich bin bereit, Integrität in allen Lebensbereichen zu leben. Ich bin auf dem Weg.

Christine Kläy

Sabine

> *»... Ich glaube, dass mein Vertrauen in die Menschen und ins Leben einer ganz tiefen Liebe in mir entspringt ...«*

Mich für etwas bewerben fällt mir nicht leicht. Aber für mich gehört zu Integrität auch, dass ich trotz meiner Ängste Schritte tue. Dass ich dem Impuls meines Herzens folge, auch wenn der Rest in mir schreit: »Warum willst ausgerechnet du dich dafür bewerben?« Dass ich auch Ablehnung oder Absagen in Kauf nehme und mich dennoch oder gerade durch diesen Schritt selbst wichtig nehme.

Integrität war für mich lange ein Wort ohne wirklichen Inhalt. Ich habe es in meiner Arbeit als Physio-/HNC-Therapeutin benutzt, ohne den Sinn zu verstehen. Ich bin auch jetzt gerade versucht, bei Wikipedia oder anderen Wissensportalen nachzuschauen und mich daran zu orientieren. Aber auch das wäre für mich nicht integer, es wäre nachgeredet und würde nicht meiner Vorstellung von Wahrhaftigkeit, von Ehrlichkeit entsprechen.

In den letzten Jahren habe ich gelernt, mich wieder mehr und mehr auf mein Gefühl zu verlassen, habe gelernt, mich mehr und mehr von der Meinung anderer frei zu machen. Auch wenn diese anderen vermeintlich weiter, schlauer oder heiler sind. Ich werde also nur das sagen, was ich spüre, selbst erlebe und was etwas in mir berührt. Ich bin noch immer etwas schwammig in meiner Vorstellung von Integrität, aber bereit, genau dort die nächsten Schritte zu gehen und genauer, tiefer hinzuschauen.

Momentan bedeutet Integrität für mich Ehrlichkeit mir selbst gegenüber und gegenüber meinen Mitmenschen. Beruflich und privat meine Wertvorstellungen zu leben, auch wenn mein Umfeld vielleicht anders lebt, denkt oder handelt oder etwas anderes von mir erwartet. Ich lebe meine Hilfsbereitschaft und zeige mein Mitgefühl, ohne mich dabei selbst zu verbiegen, ohne mich selbst dabei zu verlieren.

Ich biete Therapieformen und Produkte zum Verkauf an, die mich und mein Herz berührt haben, von denen ich überzeugt bin, und nicht, weil sie mehr Geld einbringen. Privat fällt es mir manchmal noch schwer, integer zu sein. Alte Ängste und Verletzungen klopfen dann an und wollen mich von meinem Weg abbringen. Immer mal wieder habe ich Angst, meine Familie, meine Freunde durch mein Zu-mir-Stehen, durch meine Wahrheit und mein Handeln zu verletzen.

Viele meiner Freunde nennen mich »naiv« oder »zu gut für diese Welt«. Ich glaube aber nicht, dass das stimmt. Ich glaube, dass mein Vertrauen in die Menschen und ins Leben einer ganz tiefen Liebe in mir entspringt, die manchmal offen und manchmal etwas mehr versteckt wirkt und mich leitet. Auch das ist für mich Integrität. Die Liebe zu den Menschen und dem Leben, so wie es sich eben gerade zeigt. Ich werde versuchen, eine gesunde Mischung zu finden aus Grenzen setzen und gleichzeitig meinem Gegenüber erlauben, ebenfalls er selbst zu sein.

Sabine Eck

Ulrike

*»... Ich weiß intuitiv, dass jeder Schritt meines
Lebens richtig und wichtig und auch niemals
langweilig ist (ich liebe immer das, was ich tue) ...«*

Integrität bedeutet für mich, die mir höchstmögliche Form von Ehrlichkeit und Authentizität in Übereinstimmung mit meinen inneren Werten und unter Respektierung der Würde und des freien Willens anderer zu leben.

Ehrlichkeit hat zwei Stufen: die innere und die äußere. Innere Ehrlichkeit heißt, den eigenen unangenehmen Schattenseiten gnadenlos ehrlich in die Augen zu schauen, vor allem, wenn dabei Dinge zum Vorschein kommen, die alles andere als ein »gutes« Bild abgeben.
Äußere Ehrlichkeit bedeutet, den Mut zu haben, sich auch anderen gegenüber so zu zeigen, wie man tatsächlich ist. Zu riskieren, »nackt« vor anderen zu stehen und dabei möglicherweise auf Unverständnis und Ablehnung zu stoßen und dies nicht einfach um des Rebellierens willen zu tun (was nur eine schöne »Rolle« wäre, um das eigene Ego zu profilieren), sondern weil man tief innen den Ruf des »Weges« in seinem Herzen fühlt ...

Integer zu leben heißt für mich, eigene Lebensentwürfe mit wachsender Erfahrung und Lebensreife, mit Herz und Intuition immer wieder aufs Neue zu hinterfragen und, wenn nötig, grundlegend und tiefgreifend zu korrigieren ... wissend, dass die Wahrheit von heute sich morgen als Irrtum erweisen könnte. Nichts ist beständiger als der Wandel.

Integrität bedeutet auch, die komplette Verantwortung für das eigene Leben zu übernehmen, ohne sich für Fehlentscheidungen zu verurteilen … If you've never failed, you've never lived!

Ich könnte nie einen Beruf ergreifen, der meinen Werten und Anschauungen widerspricht. Wenn ich befürchten müsste, mit meiner Arbeit der Umwelt, mir selbst oder jemand anderem schaden zu können, würde ich sie nicht tun. Damit schließen sich einige Branchen von selber aus … die Atomkraftbranche genauso wie die Pharma- oder die Mobilfunkindustrie (die ich zwar nicht fanatisch bekämpfe, weil auch ich ein Handy benutze, aber von deren Harmlosigkeit ich noch lange nicht überzeugt bin).

Ein bisschen Sturheit ist mir diesbezüglich in die Wiege gelegt worden – meine Großeltern sind als Antifaschisten in der Hitler-Zeit in Gefangenschaft geraten und trotzdem unbeugsam geblieben. Also, lieber putze ich WCs, als unethische Arbeit zu leisten (ich habe tatsächlich jahrelang nebenbei Putzjobs erledigt – das war mir bedeutend lieber, als mich gedanklich in einem Büro verbiegen zu müssen).

Das bringt mich auch gleich auf den nächsten Punkt: Alle Menschen sind gleichwertig. Die Putzfrau ist genauso viel wert wie diejenige, die die Putzfrau anstellt. Ich halte nichts von materieller oder auch esoterischer Überheblichkeit. Wenn im Umgang mit anderen zu bestimmten Themen keine Einigung zustande kommt, ist mein Motto: »Let's agree to disagree!« In meinen Mittzwanzigern bin ich noch rumgelaufen und habe versucht, andere zu missionieren. Das habe ich mir mittlerweile gründlich abgewöhnt. Letztlich hat jeder seinen subjektiven Standpunkt und auch das Recht dazu. Und wer leiden möchte, darf auch leiden.

Allerdings ohne mich: Von Menschen, die mich energetisch runterziehen, distanziere ich mich, sofern ich das kann. So kam auch der Punkt in meiner Ehe, an dem selbige nicht mehr für mich stimmig war. Dabei sind wir als ein Traumpaar gestartet. Wir haben uns nie gestritten, waren rücksichtsvoll und zuvorkommend zueinander, haben einander unterstützt und wortlos verstanden. Umso schlimmer war es für mich, zu sehen, dass unser Weg sich eben doch irgendwann geteilt hat. Es hat viel Ehrlichkeit erfordert, sich das überhaupt einzugestehen – wer zerstört schon freiwillig etwas, das viele Jahre lang heilig war?

Es hat unendlich weh getan, diesen Schritt tatsächlich zu vollenden, aber ich konnte nicht anders. Mein Körper hat jeglichen Sex verweigert und ich wusste, wenn ich bleibe, dann ist das nichts anderes als Prostitution für Sicherheit. Bei der Trennung habe ich emotional viele Federn gelassen. Ich habe über ein Jahr danach nicht mehr als Mentaltrainer gearbeitet, weil ich wusste, ich muss erst einmal bei mir selbst aufräumen. Auch das bedeutet Integrität: die eigenen Grenzen kennen. Wenn es mir selber nicht gutgeht, kann ich anderen nicht helfen.
Außerdem war mir wichtig, meinen Ex-Partner nach der Trennung nicht zu zerpflücken, sondern ihn als wertvollen Begleiter liebevoll zu verabschieden. Also kein Rosenkrieg, sondern ein offenes Miteinander, wenn es um die

gemeinsame Tochter geht. Vor allem finanziell will ich ihn nicht ausnehmen wie eine Weihnachtsgans – er hat während der gemeinsamen Zeit sein Bestes getan, warum sollte er für meine Freiheitswünsche noch dazu mit Unterhaltsforderungen bestraft werden? Da bin ich um faire Regelungen zum Wohl aller bemüht.

Ich weiß intuitiv, dass jeder Schritt meines Lebens richtig und wichtig und auch niemals langweilig ist (ich liebe immer das, was ich tue). Ich weiß, dass ich hier bin, um zu lernen, Erfahrungen zu machen, mich zu entwickeln, bewusst zu werden. Ich bin neugierig auf das Leben in allen Facetten … Aber mir erschließt sich das Gesamtbild einfach nicht. Verschwende ich mein Leben, um andere in ihren Visionen zu unterstützen? Oder ist es meine Aufgabe, dies zu tun? Wofür bin ich hier? Welches ist der größte Beitrag, den zu leisten ich in diesem kurzen Leben in der Lage bin?

Ich habe die Gnade erfahren dürfen, einen Moment lang tief in das Wesen der Seele zu schauen. Was ich gesehen habe, war so überwältigend schön, dass ich danach wochenlang in einem Zustand von Ganzheit und Liebe »umhergeschwebt« bin. Ich hatte keine Fragen mehr, keine Wünsche mehr, keinen Hunger mehr, keine Wehwehchen mehr … Ich wollte nur noch gießkannenweise Liebe austeilen. War das ein Vorgeschmack auf das Potenzial, das in uns allen steckt? Meine Trennung holte mich auf den Boden der Tatsachen zurück. Die Fragen sind wiedergekommen. Die Erinnerung an die allumfassende Liebe ist geblieben.

Ulrike Hünecke

OPFERSPIELE

Werde erwachsen.
Niemand anders als du selbst hat dein Leben erschaffen und niemand anders als du selbst kann es verändern.
Sei kein Kind mehr und gib keinem anderen oder dem Leben oder gar der Schöpfung die Schuld für dein Leben. Keiner außer dir ist dafür verantwortlich und Schuld gibt es nicht.
Wer das Leben verstanden hat, sieht es als eine Kette von Herausforderungen, um wachsen zu können. Wenn wir sie meistern, indem wir sie als das erkennen, was sie sind, können wir lernen, sie in Dankbarkeit annehmen und am Ende zu uns und allen Beteiligten danke sagen.

Ich hatte eine Patientin, deren Ex-Partner sie zehn Tage vor der Behandlung erwürgen und ihr das Genick brechen wollte. Er war nachts ins Haus eingedrungen und hatte sie angegriffen, und sie hat gerade noch überlebt. Das Behandlungsergebnis nach einer Stunde war: Sie konnte sich vorstellen, angstfrei vor ihm zu stehen, ihm in die Augen zu sehen und ihm für alle Erfahrungen, die sie zusammen erlebt hatten, zu danken. Und das unabhängig davon, ob sie positiv oder negativ waren.
Sie konnte sich wieder vorstellen, wieder allein zu sein und nachts zum Schlafen das Fenster wieder offen zu lassen.
Sie konnte sich vorstellen, ihr Haus und den Garten wieder als ihr Zuhause und als Wohlfühlort anzunehmen.
Sie konnte sich vorstellen, ihrem Ex-Partner ein Geschenk

zu machen: einen Zeitungsausschnitt mit einer Stellenanzeige. Das war das größte Geschenk, das sie ihm geben konnte, um wieder auf den eigenen Beinen stehen zu können und glücklicher zu werden.
Sie konnte sich vorstellen, sich auf einen neuen Partner einzulassen. Einen Partner mit Kopf, stark und klar. Sie ließ es offen, ob es ein Mann oder eine Frau sein wird.

Wenn wir in der Lage sind, alles zu lieben, was wir waren und gelebt haben, und alles zu lieben, was wir sind und leben, dann sind wir frei.

Dein Uwe Albrecht

Irmgard

»… Ich lebe und liebe mein Leben …«

Vor einigen Jahren habe ich zum Thema Integrität eine CD auf den Markt gebracht: *Unternehmen Leben. Zu mir stehen voll und ganz.* Darauf sind inspirierte Texte, die ich geschrieben habe, zu Musik. Ein Song ist von einer Musikerin, die einmal meine Klientin war: »Don't lose your dream«.

Was bedeutet integer sein für mich?
Es bedeutet, immer wieder hineinzufühlen in mich:
Was macht mein Herz – wie fühlt es sich an?
Was ist da, um gelebt zu werden?
Was sollte ich sagen?
Wie sollte ich mich ausdrücken und wem gegenüber?
Egal, ob man mich dafür lobt oder tadelt.
Es bedeutet, bereit zu sein, alles über den Haufen zu werfen und meinem neuen Wissen – der neuen Erfahrung – anzupassen.
Bereit zu sein, immer wieder weiterzuforschen, zu wachsen. Auch wenn manchmal alles durcheinanderpurzelt – scheinbar mehr als unangenehm ist im Augenblick.
Bereit zu sein für neue Wege, neue Möglichkeiten, neue Menschen, neue Orte.
Integer sein bedeutet auch, mich dann genauso zu lieben, wenn ich es mal nicht geschafft habe – dies zu leben, wenn ich mal eine »scheinbar« falsche Entscheidung getroffen habe.

Integer sein bedeutet, mit mir zu arbeiten, um frei zu sein – in Respekt und Wertschätzung, und in allem das Gute zu sehen. Wenn nicht gleich, dann etwas später. Denn ich weiß, alles hat mich zu dem Menschen geformt, so, wie ich derzeit bin.
Integer sein bedeutet, nicht von anderen Menschen etwas zu erwarten, was ich selbst nicht geben kann oder nicht bereit bin zu geben.
Integer sein bedeutet, mich auch mal lächerlich zu machen und einfach weiterzugehen und meine innere Flamme weiterhin zu nähren.
Es ist für mich Humor, sich selbst nicht immer so wichtig zu nehmen und doch sehr ernst.

Ich lebe es laufend. Etwa, als ich vor mehr als zwei Jahren vor Gericht stand, weil ich mich geweigert hatte, Behandlungsmethoden zu akzeptieren, in denen ich erkannte, sie führen in meinen Tod oder sind äußerst schädlich – das war nicht meine Wahrheit. Ich stand zu meiner Arbeit, den ganzheitlichen Heilweisen, trotz aller ärztlichen Gutachten, die aussagten, ich hätte mich geweigert, schulmedizinisch, im gesetzlichen Sinne, etwas für die Gesundung zu tun. Meine Akte ist sehr dick geworden. Alles Geld, das mir zugestanden hätte, wurde mir gestrichen, doch ich vertraue darauf, dass es sich trotzdem gut löst – wirtschaftlich. Ich habe auch Respekt für alle Beteiligten, die Richterin, alle Gutachter, den Rechtsanwalt der Versicherung der Selbständigen. Am Schluss kamen sie unabhängig auf mich zu und sagten, dass sie im Rahmen des Systems nicht anders entscheiden konnten – ich fühlte, es ist, wie es ist, okay, mit dem Verstand nicht erfassbar.

Ich lebe und liebe mein Leben, meistens. Ich lebe es mit meinen Enkelkindern, indem ich bin, wie ich bin. Beim Spielen und in meinen Aussagen. Wenn sie fragen, antworte ich einfach so, wie ich es empfinde. Es bedeutet einfach, unbeirrbar den Weg meines Herzens weiterzugehen. Es bedeutet, meine »Handschlagqualität« zu haben.

Ich merke jedoch auch, wie es mir doch immer wieder mal Mühe macht und ich fühle, es ist ein lebenslanger Prozess – immer wenn Menschen, die mir sehr am Herzen liegen, die in »Not« sind, mich um etwas fragen. Da ertappe ich mich immer mal wieder, wie ich in meiner Begeisterung zuerst an andere denke, statt an mich. Es wird immer feiner – diese Herausforderung.

Ich übe: neu zu erschaffen – aufzubauen – in Leichtigkeit und Freude – im Lebensfluss. Ich übe …

Irmgard Metzler

Lothar

»… Integrität bedeutet für mich nicht nur das Leben des eigenen Wertesystems, sondern das Leben nach bestimmten Werten, nämlich meinen …«

Ich habe mir zunächst die Definition bei Wikipedia angeschaut:
»Persönliche Integrität ist die fortwährend aufrechterhaltene Übereinstimmung des persönlichen Wertesystems mit dem eigenen Handeln. Ein integrer Mensch lebt in dem Bewusstsein, dass sich seine persönlichen Überzeugungen, Maßstäbe und Wertvorstellungen in seinem Verhalten ausdrücken. Persönliche Integrität ist als Treue zu sich selbst umschrieben worden. Das Gegenteil von integer ist korrumpierbar, also sich in seinem Verhalten nicht von inneren Werten und Prinzipien, sondern von äußeren Drohungen und Verlockungen leiten zu lassen.«

Anschließen würde ich mich den allgemeinen Ausführungen dahingehend, dass Integrität Leben nach meinem eigenen Wertesystem ist. Dieses Wertesystem wird neben den Eigenschaften, die ich mitbringe, auch durch Erziehung und somit von der Außenwelt geprägt, als diese mich durch »Drohungen und Verlockungen« in bestimmte Richtungen drängen will. Was ihr in einigen Punkten in meinem Leben sicher auch gelungen ist. Das heißt aber auch, dass mein Wertesystem nicht feststeht, sondern einer Entwicklung zugänglich ist.

Als ich mich entschloss, spirituell zu arbeiten, kam ich notgedrungen auf meine eigenen Muster (zumindest einige) und versuchte, die Hintergründe zu erforschen. Das ist zwar ein langsamer und auch oft schmerzvoller Prozess, wenn ich erkannte, warum ich einen bestimmten Beruf oder Wohnort gewählt habe und erst viele Jahre alt werden musste, um die tatsächlichen Verstrickungen mit meinem Vater und meiner Mutter zu erkennen. Diese Erkenntnis hat auch Einfluss auf mein Wertesystem und darauf, wie ich mich in der Welt fühle und verhalte.
Die erste Erkenntnis für mich war: Alte Leute sind lästig. Als ich klein war, wurde ich gebremst, und jetzt, da die Eltern alt sind, wollen sie betreut werden und bremsen mich wieder.
Jetzt bin ich an dem Punkt, mich von den Einflüssen innerlich frei zu machen. Ich gehe davon aus, dass sich damit auch mein Wertesystem alten Menschen gegenüber positiv ändern wird.

Dann gibt es Dinge, die aus Gewohnheiten geschehen und nicht über das zwar vorhandene Wertesystem in die Praxis umgesetzt werden. Warum esse ich Tiere (Fleisch), wenn ich die Methoden der Tierhaltung und des Schlachtens kenne und nicht gut finde?

Beruflich bin ich den unterschiedlichsten Einflüssen ausgesetzt. Ich vertrete meine Mandanten gerichtlich und außergerichtlich. Handle ich dabei immer konsequent nach meinem Wertesystem, oder versuche ich, unangenehme Situationen durch Unwahrheiten oder andere Methoden zu entgehen? Kann ich Fehler zugeben und für die Konsequenzen einstehen? Ja, ich denke, das kann und tue ich. Bei den größeren Herausforderungen ist das nicht so schwer, weil ich dann in mich gehe und eine Entscheidung treffe, bei der ich bewusst integer bleiben kann.

Aber wie ist das in den vielen kleinen Situationen, die ohne großes Nachdenken gelebt werden? Hier ertappe ich mich oft, dass ich meine Integrität nicht immer voll gewahrt habe, sei es, um eine Situation schnell zu beenden, aus Bequemlichkeit oder anderen Gründen.
Also ein weites Arbeitsfeld, das es zu beackern gilt. Wichtig ist für mich die Möglichkeit, das Problem zu erkennen, um mich überhaupt bewusst damit auseinandersetzen zu können – was auch zunehmend besser gelingt. Allerdings habe ich auch das Gefühl, dass mit dem Lernerfolg auch die Herausforderungen steigen.

Für mich bedeutet Integrität nicht nur das Leben des eigenen Wertesystems, das tut ein Massenmörder vielleicht auch, sondern das Leben nach bestimmten Werten, nämlich meinen, wie ich sie vorstehend skizziert habe. Ein weiterer Gesichtspunkt ist, dass Integrität für mich nicht ein ausgedachtes Wertesystem ist und sein kann, sondern eines, das gelebt und erfahren werden muss. Gerade die bewussten und gesuchten Erfahrungen sind es, die mich in meiner Entwicklung weiterbringen und meine Integrität stärken oder mich in Versuchung führen.

Damit hat Integrität für mich einen formalen Gesichtspunkt, nämlich das Leben der eigenen Werte. Und zum anderen einen inhaltlichen Gesichtspunkt, nämlich die Qualität der Werte selber. Beides ist für mich zu einem permanenten Lernprozess geworden, der – so bin ich sicher – mein Leben lang anhalten wird.

Lothar Kronshage

Angelika

»… Eigen-Sinn – ja, auch das ist Integrität …«

Echt, authentisch, ehrlich sein. Denken, Fühlen, Handeln in Übereinstimmung mit meinen Werten! Ja, was sind denn meine Werte? Geradlinigkeit, Humor, Warmherzigkeit, ein stark ausgeprägtes Gerechtigkeitsempfinden, Offenheit und mir treu sein.

Auf einer Veranstaltung kam der Begriff des Eigensinns zur Sprache: Eigen-Sinn – ja, auch das ist Integrität. Das, was mir sinnvoll erscheint, ausdrücken, leben, mich nicht beirren lassen, eigensinnig sein. Auch, wenn es Mühe macht, schwerfällt, weh tut. Und bei all dem Sinnieren kam mir die Erkenntnis, wie sehr ich in meinem letztes Jahr beendeten »ersten« Berufsleben zwischen meinen Werten und den Werten, die von mir zu vertreten verlangt wurden, hin- und hergerissen war. 43 Jahre lang, von Jahr zu Jahr mehr.

Ich war in einem Finanzamt in leitender Position im Außendienst. Jemandem eine rechtliche Position »überzustülpen«, von der ich selber nicht überzeugt war (und das wurden im Lauf der Jahre immer mehr), war mir immer ein Graus. Es hat mich viel gekostet, auch einen Teil meiner körperlichen Gesundheit, die ich mir jetzt langsam zurückerobere, andererseits aber auf den Weg gebracht, den ich jetzt gehe.

Und wo besteht Verbesserungsbedarf in Sachen Integrität? Nun, schließlich gibt es außer mir auch meine Umwelt, andere Menschen, Partner und allzu häufig ein Abwägen, zwischen Eigen-Sinn und dem Weg des geringeren Widerstands, der Bequemlichkeit, dem Wunsch, nicht zu verletzen. Aber auch immer öfter ein bestimmtes »Ja! Das will ich so. Das entspricht mir im Innersten«. Und ein Handeln, ohne auf ein »Was sagen, denken, meinen die anderen« zu achten.

Also: Lange noch nicht angekommen, aber Entwicklung hin zum Homo integer – befürchteterweise nicht mit einem Fingerschnippen, aber lohnenswert und wichtig.

Noch eine Baustelle!

Angelika Grund (in process)

Gudrun

*»… Ich bin Ehrlichkeit, dann bin ich
es auch gegenüber meinem Partner, der Familie,
den Mitmenschen …«*

Spontan fällt mir zu Integrität Ehrlichkeit ein. Ehrlichkeit zuallererst zu mir selbst und wenn ich das lebe, also integriert (hat den gleichen Wortstamm wie Integrität) habe. Mit anderen Worten: Ich bin Ehrlichkeit, dann bin ich es auch gegenüber meinem Partner, der Familie, den Mitmenschen.

Letzte Woche musste ich endlich die Buchhaltung machen für die Einkommenssteuer und ich fing an, hier und da »rumzuschieben«. Doch ich habe da einfach keinen Bock mehr drauf. Außerdem kostet es viel zu viel Energie, zu manipulieren, die Lüge aufrechtzuerhalten, Wege hintenherum zu finden. Das ist ebenfalls eine Seite von Integrität, auch wenn es ums Finanzamt geht. Meine Nachbarin ist eine Liebhaberin von Klatsch und Tratsch. Und ich werde durch sie daran erinnert, dass ich Verantwortung für mein gesprochenes Wort habe und jeden so lassen sollte, wie er ist. Mir steht es nicht zu, jemanden zu beurteilen, zu verurteilen oder zu bewerten. Und sie erinnert mich auch daran, wann ich in diese Muster falle – habe ich das wirklich schon abgestellt? Auch das ist gelebte Integrität. Es gelingt nicht immer, aber immer öfter.

Die Quelle für mich ist Gott. Punkt. (Ich gehöre keiner Kirche an.) Den neutralen Kugelblick visualisiere ich, indem Tausende von Augenpaaren Gottes auf mich schauen. In diesem Augenblick weiß ich, welche große Wahrheit, Weisheit und Liebe durch mich zum Ausdruck kommen möchten, für mich und für den Patienten. Und wenn das dauerhaft und auf bestmögliche Weise funktionieren soll, dann bleibt mir nichts weiter übrig, als Integrität zu leben. Ich möchte auch weiterhin nach jeder Behandlung sagen können: »Wow! Wie spannend und interessant.«

Gudrun

Sonja

> *»… Und auch das gehört für mich zur Integrität, dass ich die anderen sich selber entwickeln und Verantwortung übernehmen lasse für ihr Handeln …«*

Für mich bedeutet Integrität, mich und meine Lebensaufgabe zu leben und zu lieben. Mich zu fragen, was ich für diese Welt tun kann, und meinen einzigartigen Weg zu finden und zu gehen. Zu erkennen, dass ich niemanden um Rat fragen brauche, da niemand meinen Weg zuvor gegangen ist und dieser Weg auch nur für mich stimmig ist. Zu wissen, dass ich mit allem, was ist, verbunden bin und daher meine gelebte Wahrhaftigkeit alles um mich herum verändern wird und zu mir zurückkommt.

Was mich in letzter Zeit besonders begleitet hat, waren die Worte von jemandem, der sagte: »Das, was ich jemandem nicht zutraue, wird er niemals leisten können.« Und: »Das, was wahr ist, muss einfach sein.« Besonders nach dem ersten Zitat habe ich gelebt und oft argumentiert, sei es im Job, im Elternrat vom Kindergarten oder bei Freunden. Es ging häufig um Situationen und Entscheidungen, in denen ich mich dafür ausgesprochen habe, Kinder, Eltern oder Kunden als vollständige Individuen zu behandeln, die nur an der Wahrheit und den Tatsachen wachsen und Verantwortung tragen lernen.

Auch die schlagkräftigen Argumente, ich sei »blauäugig« oder »naiv«, brachten mich nicht von meiner Einstellung und meinem Handeln ab. Sie bestätigten ja noch das Resonanzprinzip, nach dem bei einer anderen Haltung auch nur die Enttäuschungen folgen konnten. Ich selber habe viele positive Erfahrungen gemacht mit dem »Raumaufmachen« durch Zutrauen, Funkenentzünden und Loslassen. Und auch das gehört für mich zur Integrität, dass ich die anderen sich selber entwickeln und Verantwortung übernehmen lasse für ihr Handeln. Dass sie weder meine Hilfe noch gute Ratschläge brauchen, wenn auch sie ihren eigenen Lebenssinn finden und leben möchten. Und dass ich der Welt am meisten gebe, wenn ich meine Lebensaufgabe lebe, auf der Suche nach den Antworten die Fragen liebe und weiß. Dass die Lösung auf einer anderen Frequenz zu finden ist als das angebliche Problem.

Ganz ehrlich, was durch die Energie in meiner Beschäftigung mit Integrität hervorgekommen ist, hat mir viel Klarheit für mich und meinen Lebenssinn gebracht und die sich anschließende konsequente Umsetzung hat mir viel Freiheit vermittelt. Das alleine ist so wertvoll, damit habe ich bereits ein Geschenk erhalten.

Sonja

Gustav

*»… Integrität ist der Schlüssel zum Frieden,
der Schlüssel zur Quelle …«*

Für mich bedeutet Integrität, eingebettet zu sein in den Prozess der Menschwerdung. Menschwerdung für mich bedeutet die Integration des Gottesbewusstseins ins alltägliche Wachbewusstsein.

Damit verbunden entsteht das Bewusstsein, für die gesamte Wahrnehmung, für die gesamte Handlung und für alles, was um mich, mit mir und in mir ist und Verantwortung und Schöpferkraft besitzt. Auf dem Weg zur Integration bin ich kein Einzelwesen mehr, das denkt, handelt, fühlt und andere berührt oder gar inspiriert. Auf dem Weg zur Integration erwache ich zum Bewusstsein, dass ich eine Art Knotenpunkt im großen Netz des ewigen Seins bin. Dieser Knoten ist mit Fäden mit allen anderen Knoten ewiglich verbunden. Mein Handeln, mein Sein, mein Fühlen fließen also direkt in dieses Netz ein und werden aus diesem Netz gespeist.

Meine Seele ist der Transformator, der das Eingehende aufnimmt und vor dem Wiedereinspeisen ins Netz transformiert. Integrität verlangt für mich Achtsamkeit und Wachsamkeit in allem, was sich zeigt. Integrität im alltäglichen Wirken heißt auch, mir meiner Position als »Netzwerkknotenpunkt« bewusst zu werden und vom Handeln aus Lust oder Unlust heraus zur Berufung zu wechseln und ans Licht zu bringen, wozu ich berufen bin. So heißt Integrität im weiteren Sinn, dass ich alles, was ist, was ich sehe und wahrnehme – und was auf den ersten Blick mit mir nichts zu tun zu haben scheint –, in mir mit zur Heilung bringen kann.

Hier fällt mir spontan Mutter Teresas Antwort auf die Frage ein, wann sie ihr Leben begann so zu gestalten, wie sie es lebte (hier nur sinngemäß): »Ich habe den Zweiten Weltkrieg mit allen Schrecken erlebt und fragte mich, wie kann es so etwas geben. Doch erst dann, als ich meinen inneren Hitler erkannte, bekam ich eine Idee, wie ich leben und wirken möchte.«

Integrität ist der Schlüssel zum Frieden, der Schlüssel zur Quelle.

Gustav Rennertz

LADUNGEN

Alles, was nicht Liebe ist, ist Ladung, hat eine Ladung.

Du kannst auch andere Worte dafür verwenden: Angst, Hass, Aggressivität, Negativfokus, Wut, Selbstzerstörung … Es ist egal, welche Bezeichnung du wählst, allen ist gemeinsam, dass sie eine Ladung haben, die nichts Gutes hervorruft.
Sie alle sind einfach nur das Gegenteil von Liebe.

Ladungen sind auch messbar. Das ist mit Biofeedback-Verfahren wie dem Armlängentest möglich. Viele Menschen tragen Ladungen in Höhe von fünfzig bis achtzig Prozent in sich. Das bedeutet, sie sind in dem Maß mit Ladung angefüllt. Wohlfühlen beginnt aber oft erst mit unter zwanzig Prozent Ladung. Ladungen sind die Ursache für Aggression untereinander und das schließt von energetischer, emotionaler und physischer Aggression bis hin zu Krieg alles ein.

Denn ein Mensch mit hoher Ladung entlädt sich in einen Menschen mit niedrigerer Ladung. Dem Täter fällt so seine Ladung ab und er fühlt sich initial immer besser. Aber im Opfer steigt die Ladung an, es übernimmt die Ladung des anderen und fühlt sich immer schlechter. Dazu kommt, dass das Opfer mit dieser Ladung oft lange in seinem Leben zu tun hat. Ladungen sind auch die Ursache für Krankheiten, denn diese sind manifestierte Selbstzerstörungen.

Wie niedrig sollten die Ladungen sein, die du trägst, damit du dich in dir selbst wohl fühlst, in Frieden bist, in innerer Balance und dir selber vertrauen kannst? Das hängt zusammen mit deinem persönlichen Wohlfühlbereich der Liebe. Der Wert deiner Ladung fällt im Laufe der Bewusstwerdung oft immer weiter ab und liegt zwischen zwanzig und null Prozent, sobald dein Wert der Liebe auf achtzig und hundert Prozent steigt. Wenn du durch Aufnahme von Ladung den Bereich verlässt, kommt es zu innerer Unruhe, Nervosität und dem Gefühl von energetischer Unreinheit. Finde Möglichkeiten, dauerhaft in so viel Liebe zu sein wie möglich, und wenn du den Bereich verlässt und die Ladung – das Gegenteil der Liebe – ansteigt, balanciere dich, um wieder dein Optimum zu erreichen.

Dein Uwe Albrecht

Andrea

»… In diesem Bewusstsein, dass wir eins sind, möchte ich weiter an meiner Integrität und Ehrlichkeit arbeiten …«

Für mich bedeutet Integrität, in Harmonie mit mir und meiner Umwelt sein – in dem ständigen Bestreben, noch echter zu werden. Daran arbeite ich noch viel zu wenig, weil ich ja auch noch nebenbei voll arbeite und etwas Geld verdienen will und mich um ein Pferd kümmere und ganz liebe Freunde habe. Früher gab es nur selten Momente, in denen ich bei mir war, jetzt gibt es immer mehr Inseln des Glücks und immer öfter darf ich glückliche Fügungen erleben, die ich staunend und dankbar annehme.

Alleine schon in diesem Bewusstsein, dass wir eins sind, möchte ich weiter an meiner Integrität und Ehrlichkeit arbeiten, alte Ladungen, die ich über Generationen aufgenommen habe, und falsche Quellen lösen, damit ich nicht in die Versuchung komme, unbewusst ungeklärte Ladungen auf andere abzuwälzen, die darunter leiden müssen. Denn das sind dann leider oft die Schwächeren und Hilfsbedürftigeren, wie Kinder und Tiere oder der liebende Partner, Freunde und Mitmenschen.

Andrea

Thomas

*»… Wir alle, als Seelen aus der reinen
und höchsten Quelle, haben einen Auftrag,
einen Plan, eine Lebensaufgabe …«*

Was bedeutet für mich Integrität? Nun ja, diese Frage habe ich mir ehrlich gesagt noch nicht allzu oft mit einer reifenden Bewusstheit gestellt. Jetzt kommt sie wohl zur rechten Zeit in mein Leben. Alles in allem würde ich sagen, dass ich immer dann mit Integrität agiere, wenn ich mein Denken, Fühlen, Handeln und Kommunizieren aus dem reinen Herzen heraus tue, und alles, was ist und geschieht, zum Wohl eines Großen und Ganzen passiert. Durch dieses (mein) Herzbewusstsein treten nicht nur mein Verstand, sondern auch mein Ego, mein Stolz, meine Eitelkeit und vieles andere in den Hintergrund und machen Platz für das, was durch mich – in diesem Augenblick – wirken kann und möchte.

Meine Aufgabe ist es nicht, mich als tollen Coach, Therapeuten, Wissenden oder was auch immer darzustellen. Was ich dadurch lernen darf, ist, meinem Umfeld stets auf gleicher Augenhöhe, mit Mitgefühl und Bewusstheit zu beggenen und stets offen zu sein für das »Sowohl als auch«. Darüber hinaus erscheint es mir sinnvoll, wenn es mir auch nicht immer gelingt, aus dem Bewerten und Beurteilen herauszukommen und Dinge so sein zu lassen, wie sie sind. Dazu gehört für mich auch, mich in Selbstreflexion zu üben. Dadurch verfeinert sich meine Wahrnehmung im Inneren wie auch im Äußeren stetig und hilft mir, zu dem zu werden, was ich bin und wozu ich hier bin, nämlich meine mir innewohnenden Fähigkeiten zu entdecken, entwickeln und zu meinem und dem Allgemeinwohl einzusetzen.

Ich gehe davon aus, dass wir alle im Augenblick unseres Ankommens auf diesem Planeten vollkommen und integer sind beziehungsweise waren. Wir alle, als Seelen aus der reinen und höchsten Quelle, haben einen Auftrag, einen Plan, eine Lebensaufgabe. Diese besteht für mich darin, in unser Leben nach dem Prinzip der höchstmöglichen Sinnfindung und Sinnlebung zu wirken. Alle uns mitgegebenen Talente und Fähigkeiten zu entdecken, zu entwickeln, zu verfeinern und im besten Fall weiterzugeben. Weltliches, geistiges und spirituelles Wachstum sind dabei ein wesentlicher Teil auf dem Weg zu vollkommener Integrität.

Nehme ich mir die großen Meister der Geschichte zum Vorbild, so ist allen voran Jesus derjenige, der – wie kein anderer – Integrität lebte. Ihm gelang es – so zumindest die Überlieferungen –, in jedem Augenblick integer zu denken, zu kommunizieren und zu handeln. Insofern ist diese Beschreibung seiner Lebensführung wohl eine wunderbare Metapher für Integrität (so, wie ich sie zum heutigen Zeitpunkt sehe und verstehe):

Gehe in allen Lebenslagen davon aus, dass die Liebe Gottes und des Universums dich trägt.
Lass dich niemals von deinem eigenen, persönlichen und individuellen Lebensweg abbringen.
Sei individuell. Stelle Dogmen und Paradigmen in Frage,

aber versuche nicht, sie zu beurteilen und in gut oder schlecht einzuteilen.
Sei immer mit dir selbst im Reinen. So kannst du Vorbild für andere sein, ohne dich auf ein Podest stellen zu lassen. Dadurch kann es dir auch gelingen, dein Ego frei von dem Bedürfnis nach Bewunderung und Schmeicheleien zu machen.
Glaube immer an die Fähigkeiten anderer Menschen, an deren Talente und daran, dass wir alle einander ebenbürtig sind. Auch wenn es augenscheinlich nicht immer erkennbar ist.
Nutze deine eigenen Fähigkeiten und Talente zum eigenen und zum Allgemeinwohl und sei dadurch ein Wir-Mensch.
Teile deinen Erfolg und deinen Wohlstand.
Nimm dein Leben und deine Verantwortung in die eigenen Hände.
Versuche stets so zu leben, dass deine Lebensweise dem Planeten Erde dient und nicht schadet.
Übe dich in Meditation, Stille und Selbstliebe.
Versuche jeden Tag zu einem besonderen Tag zu machen.
Sei derjenige, der gegen den Strom schwimmt, auch wenn die Strömung dir anfänglich als zu stark erscheint.
Tue alles, was du tust, aus Überzeugung, mit Liebe und Hingabe.
Vermeide Kompromisse, und wenn, dann lass dir wenigstens das »Sowohl als auch« offen.
Gehe neue, unbekannte Wege.
Gib dich nicht mit dem erstbesten Ergebnis zufrieden.
Zelebriere das innere Kind in dir.
Lache, tanze, singe und jubiliere, und preise dich selbst.
Sei der Meister deiner eigenen Gedanken und Realität.
Nutze das Feld der unendlichen Möglichkeiten.

Sei achtsam im Umgang mit allem, was ist.
Werde ein Profi in »gewaltfreier Kommunikation«.
Übe dich in Gelassenheit und im Zuhören.
Lerne ein Leben lang.

Thomas Berger

Yvonne

»… Integrität ist die Freiheit, alles loszulassen, was nicht dem ureigensten innersten Plan entspricht …«

Bis vor kurzem war das Wort Integrität für mich unter anderem auch geknüpft an Angst und Verlust. Es ist nicht in allen Situationen einfach, integer zu sein, gerade dort, wo Potenzial versteckt ist und andere Einflüsse als das eigene Selbst mitschwingen. Für mich sind die echten Herausforderungen, wenn mein Entschluss von außen nicht nachvollziehbar ist. Wenn ich die sogenannte Arschkarte ziehe und gegen die Ideen meines Gegenübers und ohne dessen Einverständnis entscheide. In solchen Situationen wäre ich doch gern die Nette und muss mich dann immer wieder ganz bewusst neu für mich entscheiden.

Integer sein: Rückblickend kann ich sagen, dass ich das Wort bisher nur intellektuell aufgefasst hatte. Was es bedeutet und wie es sich anfühlt, habe ich erst in den letzten Wochen verstanden. Auch den Unterschied zwischen Authentizität und Integrität habe ich nun verstanden. Das waren bisher Synonyme für mich. Aber was authentisch ist, muss noch lange nicht integer sein. Jetzt verstehe ich auch, was man sich mit dem Entschluss, integer zu leben, für ein Geschenk macht.

Integrität ist die Freiheit, alles loszulassen, was nicht dem ureigensten innersten Plan entspricht. Integer zu sein heißt, ausschließlich am Ideal orientiert zu sein, Kompromissen keinen Raum zu geben. Integrität ist Freude am Ich. Integer zu sein heißt, in seinen Aufgaben aufzugehen, sich in seinem Lebensplan zu sonnen.

Integrität ist der Weg zum ehrlichen Glück.
Yvonne Langner

Jan, sein Beitrag ist auf Seite 211

Barbara

> *»… Es gibt eine unheimliche innere Kraft und die Gewissheit, dass alles richtig ist, so wie es war und wird, es ist mein Weg …«*

Dieses Feuer habe ich während meiner Arbeit als Versicherungskauffrau langsam, aber sicher immer mehr verloren, da ich viele Jahre gegen meine innere Überzeugung gearbeitet habe. Durch meine Kündigung bin ich den ersten Schritt in die richtige Richtung gegangen. Dann hat mich *innerwise* gefunden und ich habe Stück für Stück mein inneres Feuer wiedergefunden. Endlich konnte ich wieder für das einstehen, was ich schon immer vertreten habe: Ehrlichkeit, Eigenverantwortung für sich selber zu übernehmen, sich nicht für andere zu verbiegen und die eigenen Gefühle zu verleugnen. All das am eigenen Leib erlebt, kann ich nun in voller Verantwortung und mit Liebe meinen Leuten genau dies mit auf den Weg geben.

Genau das fasziniert mich und ich habe mich getraut, Krankheiten zu behandeln, mit dieser Gewissheit in mir. Das gibt mir ein unglaubliches Gefühl von Glück, Zufriedenheit und innerer Harmonie, gleichzeitig auch den Ansporn, nach vorne zu schauen, noch mehr zu lernen und das Optimale aus mir herauszuholen, um meinen Mitmenschen das Beste mitzugeben.

Integrität beinhaltet all das für mich, was ich mit *innerwise* auch selbst erlebe: im Fluss sein mit mir, mit dieser inneren Harmonie, für meine Ideale einstehen, mich nicht mehr verbiegen. Es gibt eine unheimliche innere Kraft und die Gewissheit, dass alles richtig ist, so wie es war und wird, es ist mein Weg. Ich möchte noch ein gewaltiges Stück nach vorne gehen und das erfordert auch immer wieder ein Stück Arbeit an sich selbst, aber die Ergebnisse sind der größte Ansporn.

Barbara Asal

Lucia

»… Die innere Stärke und das Gefühl der Unabhängigkeit haben sich bei mir erst eingestellt, als ich aufgehört habe, zu wollen …«

Nachdem ich mit fünfzig Jahren ein Kindheitstrauma in mein Bewusstsein heben durfte, war das Thema Integrität von immenser Bedeutung für mich. Denn ich musste das Ganze verarbeiten, um nicht zu zerbrechen, und wieder lernen zu leben. Mich zu spüren war ein ganz neues Gefühl. Es war nicht immer einfach, plötzlich Gefühle wahrzunehmen, die 45 Jahre lang von mir abgespalten wurden. Dazu gehörte immer auch ein Verlangen nach Selbständigkeit, Autonomie und Integersein.

Da mein ganzes Leben, mein Wesen und mein Verhalten durch das Trauma in hohem Maß beeinflusst wurden, musste ich mich selbst neu entdecken. Ich habe für mich festgestellt, dass ich kompromisslos ehrlich sein muss, um das Gefühl der Integrität nicht zu gefährden. Dass ich leben muss, was in mir ist. Dass ich mich nicht mehr bestimmen lassen will von anderen.

Diese Integrität auch im Alltag zu leben war für mich sehr schwierig. Ich bin aus einem angepassten Menschen zu einem unbequemen geworden. Ich habe das Bedürfnis für mich entdeckt, nicht nur die Bedürfnisse anderer zu erfüllen. Ich habe das Wort Manipulation endlich verstanden. Ich habe auch begriffen, dass ich diejenige bin, die Grenzen setzt. Dass ich über mein Leben selbst bestimme, nicht die anderen und schon gar nicht die Umstände. Trotz alledem ist es nicht einfach, so zu sein und so zu leben. Ich habe in meinem Umfeld nicht viele Menschen, die das begreifen, und noch weniger, die es leben.

Umso tröstlicher ist es, zu wissen, dass es Menschen gibt, die ähnlich fühlen, die auch das Streben nach Freiheit und Autonomie nicht aufgeben. Mit *innerwise* ist mein Leben etwas leichter, stabiler geworden. Etwas sicherer und lebenswerter.

Die innere Stärke und das Gefühl der Unabhängigkeit haben sich bei mir erst eingestellt, als ich aufgehört habe, zu wollen. Als ich selbst das annehmen konnte, was mir das Leben bringt. Als ich einfach aus purer Not im Augenblick blieb. Dass ich dort ausgeharrt habe, wo ich es mir durch schnelle Entscheidungen hätte leichter machen können.
Ich bin in meinem Leben schon als Kind Opfer geworden, vielleicht tue ich mich deswegen so schwer, Täter zu sein. Auch wenn es um mein Leben geht.

Meinst du wirklich, dass wir Menschen in unserer Kommunikation frei von Projektionen sein können? Dass wir uns der Manipulation entziehen können? Dass wir für unser ganzes Tun Verantwortung übernehmen können? Meinst du nicht, dass vieles einfach geschieht? Ich habe in den letzten Jahren sehr viel erlebt, musste mein ganzes Leben aufrollen und aufarbeiten und habe festgestellt, dass mich wahre Liebe geheilt hat. Auch die Angst kann nur durch Liebe geheilt oder vielleicht sogar umgewandelt werden. Und trotzdem finde ich es sehr schwer, jeden Menschen zu lieben.

Lucia
*(Ich nenne sie Lucia, weil sie ihren
wirklichen Namen nicht genannt haben möchte.)*

Elisabeth

> *»... Oft geht es im Leben um die Haltung zu sich selbst – im Innen wie im Außen ...«*

Als Erstes dachte ich an das Märchen der Gebrüder Grimm: Dornröschen. Darin war es die dreizehnte Fee, die nicht zur Feier im Königshaus eingeladen wurde. Sie war unbequem und passte nicht zum offiziellen Anlass. Schließlich hatte man auch gar keinen Platz für sie, immerhin gab es fürs Schöner-Aussehen ja nur zwölf goldene Teller ... Trotzdem kam sie zu den Feierlichkeiten hinzu, schwang wutentbrannt und mächtig ihren Zauberstab und bestimmte, dass sich Dornröschen mit fünfzehn Jahren an einer Spindel stechen und tot umfallen sollte. Die dreizehnte Fee (die Integrität) fand es unmöglich, nicht geschätzt, nicht erwünscht und nicht eingeladen worden zu sein.

Für mich ist die dreizehnte Fee in dem Märchen für den Rhythmus und die Vorbestimmung zuständig. Auch wenn laut Überlieferung die zwölfte Fee verfügte, dass die Wirkung des Zaubers nicht aufgehoben werden konnte und stattdessen im Leben von Dornröschen integriert werden und ihre Energie zur Umwandlung des Fluches bereitgestellt werden sollte. Und so geschah es. Die dreizehnte Fee hinterließ ihr Potenzial ungeschützt. So ist die Energie der dreizehnten Fee sehr mächtig und in der Lage, Rhythmen und Lebenszyklen anzuhalten. Im Verbund und in der Gemeinschaft der zwölf anderen Energien integriert, ist sie dagegen in der Lage, die persönlichen Bestimmungen und Themen der Menschen, die gelebt und erfahren werden wollen, zuzulassen und innerhalb des Lebens zu integrieren – und zwar mit Happy End!

Erst durch die Erfahrung und durch das Erleben der dreizehnten Energie war es anschließend für das Weibliche (denn Dornröschen war ja weiblich) möglich, sich mit dem Männlichen zu verbinden. Dies geschieht nicht im Abstoßen oder Heilmachen der dreizehnten Energie, sondern im Annehmen, Leben und Zulassen und Entwickeln dieser Energie. Denn auch das Männliche konnte sich nicht über das Potenzial der dreizehnten Fee hinwegsetzen und musste zulassen, dass diese Energie Zeit und Raum beinhaltete oder einforderte. Daher auch die hundertjährige Dornenhecke, die keine Möglichkeit zum Abkürzen zugelassen hatte.

Stärke und Macht ohne die zwölf anderen Energien, die für mich für die individuellen Fähigkeiten und Potenziale jedes einzelnen Menschen stehen, sind wie ein starkes Gefäß ohne Füllung. Integrität gibt das Gefäß, die Struktur vor, in der sich dann geschützt alles andere liebevoll geborgen fallenlassen und entfalten kann.

In dem Zusammenhang dachte ich auch an die Energie von Rodin. Er wurde einmal gefragt, wie er es schafft, so wundervolle Gebilde aus grobem, hässlichem Stein zu meißeln. Seine Antwort war ganz einfach … Er nimmt doch nur etwas weg, was überflüssig ist – und das aktiv über das Abschlagen des überflüssigen Gesteins – durch seine Arbeit, dadurch allein wird das bereits vollkommene Potenzial sichtbar.

Oft geht es im Leben um die Haltung zu sich selbst – im Innen wie im Außen –, gerade in Situationen, in denen etwas Sichtbares gefordert wird. Ebenso wie in der tätigen Arbeit von Rodin. Auch dieser konnte nur durch Zeit und Arbeit sein Potenzial, seine Vision aus dem Stein für andere sichtbar machen.

Elisabeth Lick

Ruth

»... Ich bin ein Mensch mit Stärken und Schwächen und muss aufpassen, mich bei allem Bemühen um Integrität nicht zu überfordern ...«

Integer zu sein bedeutet für mich in erster Linie, dass ich auf meine innere Stimme höre und dieses innere Wissen lebe. Das ist in Situationen einfach, in denen ich mit anderen übereinstimme, es wird jedoch schwierig, wenn der äußere Widerstand groß ist. Es geht für mich darum, zu mir zu stehen und trotz des Widerstands meine Wahrheit auszudrücken.

Ich arbeite als Leiterin in einer Kindertagesstätte und sehe mich häufig mit schwierigen Situationen konfrontiert. Ein Beispiel: Nina, ein dreijähriges Mädchen, weinte. Ich ging in den Gruppenraum und wollte mich ihr zuwenden, da sagte die Erzieherin, ich solle nicht auf Nina eingehen, weil sich dann ihr Verhalten verstärkt. Sie meinte, dass Nina aufhört zu weinen, wenn sie keine Zuwendung bekommt. Ich wandte mich darauf mit einem unguten Gefühl ab, weil ich von außen kommend nicht einschätzen konnte, was richtig ist, und die Erzieherin mich klar gebeten hat, dass ich mich raushalten soll.
Einige Tage darauf weinte Nina wieder und ich ging erneut in den Gruppenraum. Die betreffende Erzieherin hatte ihren Dienst schon beendet und die Kollegin war nicht im Raum. Diesmal wandte ich mich Nina zu und

fragte sie, warum sie weint, worauf sie nach ihrer Mutter rief. Ich beruhigte sie und bot ihr an, mit mir in mein Büro zu kommen. Der Erzieherin, die zwischenzeitlich wieder im Gruppenraum war, erklärte ich die Situation und nahm Nina mit. Dort sagte ich ihr, dass sie sich auf dem Sofa Bilderbücher anschauen könne. Nina hatte sich schnell beruhigt, saß noch eine ganze Weile bei mir und ging dann ganz von allein wieder in ihre Gruppe zurück. Später sprach ich mit der Erzieherin über Ninas Verhalten und wie wichtig ich es finde, dass sie ihr Halt gibt. Ich sagte ihr auch, dass Nina sie mit dem vielen Weinen nicht ärgern will, so anstrengend es auch ist, sondern lediglich zeigt, dass sie mit der Situation nicht zurechtkommt.

Wenn ich Kindern nicht beistehe, habe ich das Gefühl, sie im Stich zu lassen. Wenn ich mich einmische, merke ich häufig, dass die Erzieherinnen sich entmündigt fühlen. Es geht mir ja nicht darum, die Erzieherin zu sein, es geht mir um das Kind. Das ist für manche schwer zu verstehen. Zurzeit habe ich ein Team von Erzieherinnen, bei denen ich das Gefühl habe, sie verstehen vieles, was ich sage. Es gab aber auch Zeiten, da wurde mir von einigen Kolleginnen signalisiert, dass ich mich nicht einzumischen habe. Dann trotzdem meine Wahrheit zu leben ist nicht einfach.

So geht es mir auch in anderen Lebenssituationen. Etwa, als mich meine Mutter nach der Trennung von meinem Vater aufgefordert hatte, mich zu entscheiden: sie oder er. Sie hat nicht akzeptieren können, dass es für mich nicht Entweder-oder gibt, und hat den Kontakt mit mir über einen längeren Zeitraum abgebrochen. Die Folgen meines Handelns waren schwerwiegend.

Wir haben in der Kindertagesstätte ein neues Beurteilungswesen, nach dem ich meine achtzehn Mitarbeiterinnen in ihrer Arbeit bewerten muss. Vier Kolleginnen erreichen nach meinem Empfinden keine hundert Prozent. Bei drei der betreffenden Kolleginnen bin ich sicher, dass ich ihnen meinen Eindruck auch gut vermitteln kann, auch wenn sie damit sicher nicht einverstanden sind. Bei der vierten Kollegin erwarte ich Widerstand, weil ich weiß, dass sie nicht nur eine völlig andere Selbstwahrnehmung hat, sondern auch sehr massiv wird, wenn es um die Durchsetzung ihrer Interessen geht. In diesem Fall bin ich noch nicht klar, wie ich sie beurteilen werde. Das hängt natürlich auch immer von meiner momentanen Verfassung ab, inwieweit ich mich dann in der Lage sehe, mich dem Konflikt auszusetzen. Sie wird von mir natürlich keine gute Beurteilung bekommen, dazu bin ich zu sehr auf Gerechtigkeit bedacht, aber möglicherweise wird ihre Beurteilung besser ausfallen als die einer Kollegin mit den gleichen Leistungen, bei der ich nicht solche Schwierigkeiten erwarte.

Was ich damit sagen will, ist, dass ich ein Mensch mit Stärken und Schwächen bin und aufpassen muss, mich bei allem Bemühen um Integrität nicht zu überfordern. Es geht darum, eine Situation ehrlich zu betrachten, zu sehen, wenn mir etwas nicht so gut gelungen ist, und zu versuchen, es beim nächsten Mal besser zu machen, unbeeinflusst von der Meinung anderer.

Ruth
(Ich nenne sie Ruth, weil sie ihren
wirklichen Namen nicht genannt haben möchte.)

Jutta

»… Integer zu sein braucht Mut und Courage …«

Integer sein heißt lauter sein. Lauterkeit hat mit Geläutertsein zu tun, damit, einen übergeordneten Standpunkt erlangt zu haben. Es hat mit innerer Aufrichtigkeit zu tun, mit Authentizität und Wahrhaftigkeit, geleitet von dem Gespür innerer Klarheit und der Bereitschaft, das Ursprüngliche, das Wesentliche in sich leben zu lassen. Es steckt Integration, also Vollständigkeit, darin.

Will ich integer sein, muss ich mich in meinen verschiedenen Anteilen kennen. Das erfordert eine Bewusstheit und Selbstverantwortlichkeit und ist sicher ein lebenslanger Prozess. Integrität bedeutet auch, mich und mein Wirken als einen Teil eines größeren Ganzen zu erleben. In meiner Integrität beziehe ich mich auf das Absolute, das ich nur erahnen kann und das sich mir Raum für Raum, Dimension für Dimension eröffnet. Ich brauche dazu Demut im Sinne der Erkenntnis, mich innerhalb von Gesetzmäßigkeiten zu bewegen und darin eine Aufgabe zu haben, der ich treu sein möchte. Integrität hat mit Loslassen und Verzicht auf falsche Kompromisse zu tun. Integrität ist gegen Verführungen und kollektive Einflussnahmen gefeit.

Integer zu sein braucht Mut und Courage. Es bedarf einer Kraft, für mich und meine Wahrheit einzustehen, daraus zu wirken und mich einzubringen.

Jutta

Iris

*»… Lieben, was ist, und den Mut haben,
es zu ändern …«*

Integrität ist es, der ich erlaubt habe, mein Leben zu verändern.
Es ist wie ein anderes Leben – damals im Sumpf von Lügen und Täuschungen. Eigentlich mein Leben lang. Ich habe heute großes Verständnis für mein damaliges Handeln. Man tut viel, um die Liebe zu bekommen, die man so sehr vermisst. Vor vier Jahren war Schluss damit. Ich wollte unabhängig von meinem Umfeld glücklich sein. So begann das Aufräumen, bei mir und in meinem Leben. Ich fand mich immer mehr und meine Liebe zu mir wurde immer stärker.
Dieses bewusste Lebensgefühl, das ich durch die Arbeit entwickelte, übertraf all meine Erwartungen.
Das Problem ist nun: Weniger geht nicht mehr.
Wie wundervoll.

Ich bin so viel mehr, als ich je geglaubt habe zu sein. Und das ohne Lug und Trug.
Das ist für mich gelebte Integrität.
Weil ich es mir wert bin.

Iris Hölzel

Pia

»… Immer wieder habe ich Situationen und Entscheidungen hinterfragt: Ist es übernommen, oder ist es wirklich meins? Will ich das? Bin das ich? Entspringt das aus mir? …«

Ehrlichkeit ist und war für mich immer ein sehr wichtiger Faktor in meinem Leben. So wurde ich von meinen Mitmenschen oft bewundert für meine Ehrlichkeit. Wenn etwa meine Schwester bei einem Thema unsicher ist, fragt sie mich, weil sie, wie sie sagt, einfach weiß, dass sie auf meine Ehrlichkeit zählen kann. Solche Bemerkungen habe ich häufig gehört. Meine Mitmenschen sind auch immer wieder überrascht über meine Ehrlichkeit mir selber gegenüber. Weil ich einfach dazu stehe, wenn etwas nicht perfekt gelaufen ist oder mir nicht passt. Konkrete Beispiele zu nennen fällt mir schwer, weil es so selbstverständlich ist.

In früheren Jahren war diese Ehrlichkeit mehr auf äußere Dinge beschränkt. Da war ich mir noch nicht bewusst, was alles unter meiner Oberfläche brodelt und gelebt werden möchte. Aber es war immer die Ehrlichkeit, die mir in diesem Moment – meinem Entwicklungsstand entsprechend – möglich war.

Später, als ich mich dann mit meinem Innenleben zu beschäftigen begann, wurde mir sehr wohl bewusst, wie sehr ich mich in vielen Dingen selber angelogen hatte. Als feinfühlige Person hatte ich mich immer überall so sehr angepasst, wie ich gespürt hatte, dass ich sein müsste. Wenn ich bei den Erwachsenen gehört hatte, dass es doch nicht normal ist, dass ein Kind mit sechs Jahren noch Strichmännlein zeichnet, hörte ich auf, es zu tun. So habe ich mich von klein auf belogen und eingeschränkt. Es war dann ein ziemlicher Schock, als ich realisierte, was ich da mit mir und aus mir machen ließ.

So begab ich mich dann auf die Suche nach mir selbst. Es war sehr spannend und manchmal auch frustrierend, weil so viele Muster und Überzeugungen und Gedanken erneuert werden wollten. Immer wieder habe ich Situationen und Entscheidungen hinterfragt: Ist es übernommen, oder ist es wirklich meins? Will ich das? Bin das ich? Entspringt das aus mir?

Wenn ich in einer großen Gruppe mit Menschen bin, fällt es mir auch heute häufig noch schwer, bei mir zu bleiben, da ich so viele Energien und Schwingungen wahrnehme. Da kann ich noch nicht im Moment reagieren und meine Meinung kundtun. Ich brauche noch etwas Distanz, damit ich erkenne, was wirklich meins ist. Das hat sich zwar im letzten Jahr schon stark gebessert, ist aber weiterhin verbesserungsfähig. Ich bleibe dran!

In meiner Partnerschaft habe ich viel an der Ehrlichkeit meines Partners gearbeitet, beziehungsweise durch das Vorleben meiner Ehrlichkeit hat er gelernt, dass es viel einfacher ist, ehrlich zu sein, als etwas vorzugeben, was nicht ist. So konnte er sich selber aus seinen Verstrickungen lösen. Ich habe es ja doch jedes Mal gespürt, wenn er mir was vorgemacht hat.

Ich teile mit dir, Uwe, den Traum dieser integren Welt.
Mit bestem Beispiel voranzugehen ist der beste Weg dazu.

Ich freue mich auf diese neue Welt.

Pia Tröhler

Silvia

*»… Lass los und lass zu, dass Papa,
Gott, das Universum dir hilft!«*

Für mich besteht Integrität, Authentizität darin, seine eigene Wahrheit zu leben, mit Rückgrat dafür einzustehen, aber auch immer wieder bei sich selbst hinzuhören, was gerade für mich stimmig ist und was dran ist.

Ich habe für mich beschlossen, meinen selbstgemachten Druck aus mir herauszunehmen, dieses oder jenes tun zu müssen, und loszulassen.

Lass los und lass zu, dass Papa, Gott, das Universum dir hilft!

Silvia Königseder

Silke

> »… *Integrität bedeutet für mich: sich selbst,*
> *seinen Gefühlen, seinem Denken, seinem*
> *innersten Kern treu zu sein und sich in keiner*
> *Situation selbst zu verraten …*«

Unversehrt, intakt, vollständig – integer eben. Findet man eigentlich nur bei Babys. Sie leben das, was sie fühlen, absolut authentisch – zuerst. Doch dann kommt der Tag, an dem Mama das erste Mal weggeht und Baby Verlustängste erleidet. Die Unversehrtheit bekommt kleine Risse. Und so geht es weiter, bis der Mensch erwachsen ist. Da ist es meiner Meinung nach auch nicht weiter verwunderlich, dass wirklich integre Menschen eher rar gesät sind.

Der Weg zurück zu Unversehrtheit, Intaktsein und Vollständigkeit ist für die meisten mit unüberwindbaren Hindernissen gepflastert – oder vielleicht ist es auch einfach Bequemlichkeit oder Feigheit. Es ist ja viel einfacher, mit der Masse zu schwimmen, als die Leichen aus dem eigenen Keller zu holen, sie sich anzuschauen und danach fachgerecht zu entsorgen.

Was bedeutet Integrität für mich, für mein Leben?
Einen wirklich integren Menschen spürt man. Er ist charismatisch, was er sagt, hat nicht nur Hand und Fuß, es ist fühlbar richtig. Es weckt Vertrauen. Ein Mensch, der ganz bei sich ist. Sich selbst zu finden ist schon eine großartige Leistung in der derzeitigen Gesellschaft, die vor Miss-

gunst, Neid, Egoismus und negativem Gedankengut nur so strotzt. Schon wem das gelingt, ohne dabei den Boden unter den Füßen zu verlieren und in himmlische Sphären zu entfleuchen, gebührt ein Orden. Nun muss er noch die innere Stabilität entwickeln, diese Überzeugungen auch zu leben – ungeachtet der äußeren Widerstände, die sich ihm zweifelsohne entgegenstellen. Denn wenn man mit seinem Seelenplan, aber gegen den Strom schwimmt, dann können dabei auch menschliche Verbindungen auf der Strecke bleiben. Das hinzunehmen, verlangt Stärke.

Hier ein Beispiel: Mein Vater ist ein hochintelligenter, sehr belesener Mann, der sich jedoch eisern an die Wissenschaft klammert, und zwar nur an die Sorte, die man sehen, fühlen, anfassen kann. Themen jenseits des Tellerrandes waren und sind »Blödsinn«. Nun ist er aber leider mit einer eher nonkonformistischen Tochter gesegnet worden, die sich schon im Teenie-Alter brennend für ebendiesen »Blödsinn« interessiert hat. So habe ich zwar eine Richtung in mir gespürt, konnte sie aber nicht wirklich leben und in allen Facetten ausprobieren. Ein Umstand, der den Weg zur Integrität deutlich verlängert hat. 27 Jahre Ehe mit einem Mann, der zwar meinem alternativen Denken gegenüber recht aufgeschlossen war, aber dann doch (möglicherweise aus Angst, ich könnte eher zum Erfolg kommen als er) bei allen Projekten, die ich anpackte, Management by Champignon (Kopf ab, sobald er aus der Erde guckt) betrieb, haben mich stark verunsichert und viel Energie gekostet.

Dennoch bin ich dankbar für diese Zeit, denn ich habe ich mich in vielen heilerischen Bereichen ausprobiert und so immer mehr innere Gewissheit erlangt. Diese Gewissheit aber nach außen zu leben, ist wahrhaftig die Kunst. Jedenfalls dann, wenn es um Themen geht, die für Tante Emma von nebenan ein Buch mit sieben Siegeln sind. Eine reizende junge Dame aus unserem Dorf hat mir den Titel »Esoterikzicke« verliehen. Von grünen Stricksocken und Jesuslatschen bin ich weit entfernt, dennoch hat es mich zu dieser Zeit wider Willen verunsichert. Wenn ich Menschen begegne, die auf der gleichen Wellenlänge schwimmen, dann bin ich die Integrität in Person. Werde ich aber belächelt oder, wie von meinem Vater, mit Ironie übergossen, dann war's das wieder mit der Integrität und Silkchen hält lieber die Klappe.

Dabei stellt sich mir die Frage, ob es nun integer wäre, an dieser Stelle zu missionieren oder lieber die Dinge so zu belassen in der Erkenntnis, dass ich nun mal nicht jeden erreichen kann. Der *innerwise*-Intensivkurs in Frankfurt hat bei mir innerlich einen kleinen Tsunami ausgelöst, der eine Menge Altlasten weggeschwemmt und neues Land für neue Wege geebnet hat. Ich bin der Treue zu mir selbst einen ganz gewaltigen Schritt näher gekommen. Und das ist es, was Integrität tatsächlich für mich bedeutet: sich selbst, seinen Gefühlen, seinem Denken, seinem innersten Kern treu zu sein und sich in keiner Situation selbst zu verraten. Ich denke, man muss seine Wahrheit nicht jedem aufdrücken, man muss auch nicht jeden überzeugen, aber man muss seinen Weg gehen.

Ich schätze, ein hoher Grad an Integrität stellt sich ganz von alleine ein, je mehr man seinem Seelenplan folgt und auf sein Herz hört.

Silke Münz

Wilhelm Reich war eine große Inspiration für meinen Weg und begleitet mich nun schon fast 25 Jahre. Er war eine große Inspiration für die Menschheit und muss hier einfach mit einem Zitat aus seiner Rede an den kleinen Mann *von 1946 zu Wort kommen.*

Wilhelm

Ich bin kein Roter und kein Schwarzer und kein Weißer und kein Gelber.
Ich bin kein Christ und kein Jude und kein Mohammedaner und kein Mormone und kein Polygamer und kein Homosexueller und kein Anarchist und kein Boxer.
Ich umarme eine Frau, weil ich sie liebe und begehre, und nicht, weil ich einen Ehescheim habe oder sexuell hungrig herumlaufe.
Ich schlage keine Kinder, ich fische nicht und ich jage keine Rehe oder Hirsche. Aber ich schieße gut und gerne ins Schwarze.
Ich spiele nicht Bridge und ich gebe keine Gesellschaften, um meine Lehre zu verbreiten. Wenn meine Lehre wahr ist, wird sie sich von selbst verbreiten.

Ich unterwerfe meine Arbeit keinem Medizinaldirektor, wenn er sie nicht besser beherrscht als ich. Und ich bestimme, wer meine Entdeckung beherrscht und wer nicht. Ich befolge genau jede gesetzliche Vorschrift, wenn sie sinnvoll ist, doch ich bekämpfe sie, wenn sie überholt oder sinnlos ist. (Renne nicht zum Staatsanwalt, kleiner

Mann! Denn er tut dasselbe, wenn er ein anständiger Mensch ist.)
Ich will, dass Kinder und Jugendliche ihr körperliches Liebesglück erleben und ungestört genießen.
Ich glaube nicht, dass man, um im guten, echten Sinne religiös zu sein, sein Liebesleben zu erschlagen und an Körper und Seele einzusteifen, einzuschrumpfen oder zu verfaulen hat.
Ich weiß, dass das, was du »Gott« nennst, wirklich existiert, aber anders, als du denkst: als kosmische Urenergie im Weltenraum, als deine Liebe im Körper, als deine Ehrlichkeit und dein Spüren der Natur in dir und außer dir.

Ich würde jeden aus meinem Hause werfen, wer immer es sei, der mich in meiner ärztlichen oder erzieherischen Arbeit am Kranken und am Kinde mit irgendeiner faulen Ausrede behindern wollte. Und ich würde ihn vor jedem Gericht ganz einfache, klare Fragen fragen, die er nicht beantworten könnte, ohne sich für immer zu beschämen. Denn ich bin ein arbeitender Mensch, der weiß, was ein Mensch innerlich ist, der weiß, dass er wer ist, und der will, dass die Arbeit, und nicht die Meinung über die Arbeit, die Welt regiere. Ich habe meine eigene Meinung, und ich kann Lüge von Wahrheit unterscheiden, die ich täglich und stündlich wie ein Werkzeug gebrauche und nach Gebrauch reinige und rein halte.

Wilhelm Reich [*]

---

[*] Mit freundlicher Genehmigung des Fischer Verlags Frankfurt. Wilhelm Reich, Rede an den kleinen Mann. © 1948, 1976 by Mary Boyd Higgins, Trustee of Wilhelm Reich Infant Trust Fund. Fischer Taschenbuch Verlag GmbH, Frankfurt am Main 1984.

Sabine

*»… Ich bemühe mich, integer zu leben,
indem ich aufrecht durch das Leben gehe …«*

Was bedeutet für mich Integrität? Die Frage finde ich gar nicht so leicht zu beantworten. Ich verbinde mit Integrität mehr ein Gefühl, eine Haltung mit unterschiedlichen Aspekten, die ich nun versuche in Worte zu kleiden.

Für mich bedeutet Integrität, dass ich mit meinem Denken, Handeln, Verhalten nichts tue, was anderen Menschen und Lebewesen in irgendeiner Form Schaden zufügt. Vor Behandlungen stelle ich mir immer die Frage, ob es mir erlaubt ist und ob es sinnvoll ist, eine Person zu behandeln. Auch frage ich mich, ob der Zeitpunkt der richtige ist, ein Thema zu behandeln.

Für mich bedeutet Integrität auch, dass ich mir selbst treu bleibe und zu meinen Werten und Überzeugungen stehe. Das fällt mir einerseits zunehmend leichter, wenn es sich um außenstehende Personen handelt. Aber es fällt mir manchmal noch schwer, wenn es um meine eigene Familie geht.

Und für mich bedeutet Integrität, dass ich ehrlich zu mir und anderen bin, Vertrauen schenke und mir gegebenes Vertrauen wie ein kostbares Geschenk behandle, hüte und achte.

Ich bemühe mich also, integer zu leben, indem ich aufrecht durch das Leben gehe. Normalerweise kann ich diesem Anspruch auch gerecht werden. Aber manchmal gibt es Situationen, in denen es mir schwerfällt, meine Überzeugungen zu leben. Daran muss ich noch arbeiten.

Sabine

Birgit

*» … Ich habe begriffen, dass ich ohne
all dieses Leid niemals dort
angekommen wäre, wo ich jetzt bin … «*

Du möchtest wissen, wie ich meine Integrität lebe? Nun, dann werde ich versuchen, das zu erklären!

Ich bin seit vielen Jahren alleinerziehende Mami! Auch als es meinen Mann noch gab. Unter anderem, weil ich immer integer zu mir und zu allen anderen in meinem Umfeld war, habe ich meinen Mann verloren. Er ist seinen Weg weitergegangen und ich bin mit meinen Kindern allein zurückgeblieben!

In dieser Zeit sind viele Menschen aus meiner Familie gestorben! Heute leben noch meine Schwester, ein Onkel und eine Tante. Wenn ich mir in all der Zeit nicht treu geblieben wäre, wäre ich verrückt geworden, denn obwohl mein Mann damals ging, hat er – wann immer es ging – versucht, mir mein Leben zur Hölle zu machen! Auch da bin ich der Integrität und meinem Glauben treu geblieben. Im Gegenteil: Ich habe versucht, immer weiterzumachen und nicht aufzugeben! Das habe ich geschafft! Ich bin über mich selber hinausgewachsen und habe begriffen, dass ich ohne all dieses Leid niemals dort angekommen wäre, wo ich jetzt bin.

Mein Traum ist es, hauptberuflich mit Klienten zu arbeiten. Aber auch wenn ich das jetzt noch nicht tue, heißt es nicht, dass ich es nicht irgendwann machen kann!

Insofern bin und bleibe ich mir treu – immer! Denn das, was ich tue, tue ich aus reinem Herzen! Auch wenn ich vieles falsch mache.

Birgit Battefeld

GEHEIMNISSE

Ich habe viele Menschen in meiner therapeutischen Arbeit erlebt, die nur deshalb dauerhaft erschöpft waren, weil sie mit all ihrer Kraft ein Geheimnis bewahren wollten. Ein Geheimnis ist wie eine Kraft hinter unserem Rücken, die nach draußen will und die wir mit großer Anstrengung daran hindern.

Versuche einmal, eine Hand hinter deinen Rücken zu bringen und dort damit etwas nach unten zu drücken. Du wirst die Anspannung in deinem Becken, deiner Brust, die Veränderung deiner Atmung und die innere Verdrehung spüren. Wenn du das nicht nur einige Minuten, sondern über Tage, Wochen, Monate und Jahre tust, verpasst du die ganze und schöne Leichtigkeit des Seins.

Ich habe bei Patienten festgestellt, dass sie damit auch bis zu siebzig Prozent ihrer Lebensenergie binden. Lebensenergie ist der Parameter, der beschreibt, wie wir die hundert Prozent Energie, die jedem von uns zur Verfügung stehen, verwenden: welchen Anteil davon für uns und welchen gegen uns. Das Großartige daran ist, dass mit der Entlassung der Geheimnisse aus ihren Gefängnissen uns so viel mehr Energie zum Leben zur Verfügung steht.

Ich habe in Workshops über Jahre folgende Übung mit den Teilnehmern gemacht: Sie sollten in der Runde der Teilnehmer folgenden Satz komplettieren: »Etwas, das ich noch keinem Menschen über mich erzählt habe, ist ...« Da kamen all die Geheimnisse heraus. Es war so schön, zu erleben, welche Befreiung das in den Menschen auslöste, die vorher in der Angst waren.

Manchmal betreffen Geheimnisse aber nicht nur das Selbsterlebte, etwa Familiengeheimnisse. Ich habe erst mit 43 erfahren, dass ich noch eine Schwester habe. Die Androhung der Enterbung, wenn ich Kontakt aufnehmen würde, habe ich nicht beachtet. Es wurde eine wunderbare Begegnung mit einer großartigen Frau. Wenn wir Geheimnisse bewahren, weil wir Angst vor den Reaktionen anderer Menschen haben, entmündigen wir auch sie gleichzeitig damit. Denn wir erwarten, dass sie negativ reagieren. Dabei zeigt die Praxis, dass das oft gar nicht eintritt.

Die anderen Menschen spüren doch das Geheimnis auch, den Druck, die Unfreiheit, nur kennen sie keine Details. Und ein ehrliches Gespräch befreit beide: dich und den andern. Traue den anderen Menschen zu, dass sie sich wie Erwachsene benehmen, Ehrlichkeit achten und dann auch wieder in der Lage sind, Liebe für dich empfinden zu können.

Dein Uwe Albrecht

Andrea, ihr Beitrag ist auf Seite 182

Tanja

»… Dankbarkeit ist mir wichtig, für das, was ist und sein darf …«

Ehrlichkeit ist das erste Wort, das mir dazu in den Sinn kommt, und alles, was ich tue, möchte ich mit Leichtigkeit tun, von Herzen und mit Freude, eben mit strahlenden Augen. In der Umsetzung bedeutet das für mich, weiterhin an mir zu arbeiten und mein Tun und Sein zu reflektieren: Bin das noch ich? Tue ich meine Arbeit, meine Berufung aus vollem Herzen, wertfrei, bescheiden? Kann ich mein Gegenüber und meine Klienten bedingungslos und wertfrei so annehmen und stehen lassen, wie sie sind, und für ihn/sie nur das tun, was zu tun erlaubt ist? Habe ich Spaß dabei und leuchten meine Augen? Und vor allem: Nährte es uns beide, beziehungsweise haben wir beide nach einer Behandlung leuchtende Augen und fühlen uns wohl in unserem Körper und haben das Gefühl, mehr Energie zu haben? Wenn nicht, heißt es für mich runterschalten, mich zurücknehmen und herausfinden, was gerade nicht stimmig ist. Und erst, wenn es wieder stimmt, mit Klienten arbeiten. Denn sie haben einen bestmöglich aufgestellten Therapeuten verdient, schließlich schenken sie mir ihr uneingeschränktes Vertrauen.

Ehrlichkeit ist mir sehr wichtig, gegenüber meiner Umwelt und mir selbst gegenüber. So achte ich darauf, ob es einen Grund gibt, wenn mein Körper mit mir »spricht«, etwa wenn die Spannung im Schulterbereich massiv zunimmt. In welchen Situationen habe ich nicht stopp oder nein gesagt, obwohl ich es wollte? Wann habe ich aus falscher Höflichkeit ja gesagt, wo habe ich den Mund zu weit aufgerissen und bin über das Ziel hinausgeschossen?

Ehrlichkeit mir selbst gegenüber in Bezug auf »Meins ist meins« und »Deins ist deins«. Der Mensch, der mich hier am meisten fordert, ist mein Mann, und ich darf fast wöchentlich üben. Mittlerweile gelingt es mir sehr gut, mich aus seinem Lernprozess herauszuhalten, ihn nicht gleich zu pflegen, wenn er mal krank ist, sondern ihm ruhig die Chance zu geben, selbst durch diesen Prozess zu gehen und sein Geschenk dahinter zu finden. Es ist schön, den beginnenden Veränderungsprozess miterleben zu dürfen. Innerhalb der Familie und bei Freunden möchte ich auf Fragen immer ehrlicher antworten, zu mir stehen und keine faulen Kompromisse mehr eingehen, und das ist ein spannendes Feld!

In Bezug auf meine Klienten bedeutet Ehrlichkeit, dass ich ihnen nichts verheimliche, was unangenehm ist. Denn es würde ihren Prozess verlangsamen, wenn ich es für mich behalte. Außerdem finde ich, das steht mir nicht zu. Und für den Fall, dass es doch mal ein Fragezeichen in meinem Bauch geben sollte, kann ich ja immer noch das System fragen, was im Moment das richtige für den Klienten ist.

Dankbarkeit ist mir wichtig, für das, was ist und sein darf. Die Erfahrungen, die ich machen darf, um zu lernen und zu wachsen. Dankbar sein für die Gaben, Geschenke und die Fülle meines Lebens und des Lebens an sich. Dankbar sein für die Freude über die einfachen Dinge, wie den wunderbaren Sonnenaufgang am Morgen und das Vogelgezwitscher dazu. Das ist Lebensfreude pur, zumindest für mich. Bescheiden bleiben, Achtung und Respekt haben vor allen, was lebendig ist.

Wenn die Aufgaben an diesem Platz erfüllt sind, den Mut haben, weiterzugehen und sich den neuen Aufgaben zu stellen. Daran wachsen und lernen dürfen. Das vorhandene Wissen weitergeben und mit Freude teilen, so, wie es für die Lernenden erlaubt und hilfreich ist. Und in Bezug auf Bedarf und Notwendigkeit übe und teste ich bei jeder Einkaufstour, ob ich beziehungsweise wir das wirklich brauchen oder nicht, und es ist sehr entspannend, wie wenig es am Ende dann doch immer ist. Manchmal bleibt der Einkaufswagen auch mal leer, wow!

Für mich gehört es auch zum Integersein, das Gedankengut von anderen Menschen zu achten. In Zukunft möchte ich in Abständen meine Ladung und Integrität in Prozent überprüfen, einfach um zu sehen, wo ich gerade stehe, und um ein Gefühl dafür zu bekommen, wie es sich anfühlt, wenn es hoch- oder runtergeht.

Tanja Ullrich

Stephan

»... Nur wenn ich nach bestem Wissen und Gewissen arbeite, komme ich zum erwarteten Ziel ...«

Beim täglichen Arbeiten mit meinen Bioresonanz-Kunden sind vor allem die Ehrlichkeit und Offenheit beim Testen das Wichtigste. Ich muss immer offen sein für alles. Kein Test sollte einem anderen gleichen und vor allem jede Therapie sollte jedem Patienten individuell angepasst sein oder werden. Somit ist Integrität auch ethische Individualität.

Nur wenn ich nach bestem Wissen und Gewissen arbeite, komme ich zum erwarteten Ziel. Mit vielen Hilfsmitteln komme ich bei fast allen Patienten schneller auf den Kern ihrer Probleme. Bioresonanzgeräte werden immer mehr in den Hintergrund treten, persönliches Mitfühlen und individuelles Testen treten in den Vordergrund!

Mein ursprünglicher Beruf – ich war eigentlich mal Apotheker – hilft mir oft dabei, weil ich sehr gut und breit ausgebildet wurde. Das Wissen über die Heilkraft der Pflanzen war wahrscheinlich ausschlaggebend für meinen heutigen Beruf: ganzheitlicher Therapeut. Die Einseitigkeit der konventionellen Pharmazie und Medizin verhindert aber eine wirkliche Integrität – und so schließt sich mit der Ganzheitlichkeit wieder der Kreis.

In meinem alltäglichen Leben ist die Integrität ein ständiger Versuch: ein andauerndes Versuchen, eigene Werte mit dem eigenen Tun und Handeln aufrechtzuerhalten. So versuche ich als integrer Mensch durchs Leben zu gehen und vermittle dies auch täglich meinen Kunden, Patienten, Freunden und Mitmenschen.

Stephan Schönenberger

Petra

*»... Für mich selbst ist die Wahrheit
immer der bessere Weg ...«*

Integrität ist für mich ein schwieriges Wort. Vor Jahren habe ich es als Seminarthema aus einer großen Anzahl von möglichen Themen gezogen. Als ich das Thema dann kurz vorstellen sollte, habe ich erst gemerkt, wie schwierig und vielschichtig es ist.

Wahrhaftigkeit ist für mich ein Begriff, der damit verbunden ist. Auch Ehrlichkeit. Loyalität. Unbestechlichkeit. Ehrliche Absichten – oder vielleicht besser: Absichtslosigkeit? Authentizität wurde mir dann noch vorgeschlagen – ein Begriff, den ich noch deutlich sperriger finde. Alle wollen heutzutage unbedingt total authentisch sein oder rüberkommen – was an sich schon gar nicht geht.

Mir fällt dazu zuerst das Lieblingszitat meines Vaters ein (vielleicht stammt es auch von Goethe): »Edel sei der Mensch, hilfreich und gut ...« Also, irgendwie geht es um ehrenhaftes Verhalten im Sinne von: das Richtige tun und rechtschaffen zu sein.

Ich erinnere mich daran, wie meine Mutter versucht hat, mir einen Begriff von Wahrheit und Lüge zu vermitteln, als ich noch sehr klein war. Wahrscheinlich hatte ich im Alter von drei Jahren etwas erzählt, was so nicht wirklich geschehen ist. Ich weiß noch, wie wir gemeinsam im

Wohnzimmer auf der Couch gesessen haben: Ich saß neben ihr, nicht auf ihrem Schoß, sondern wie eine erwachsene Person, ganz eigenständig, und sie sagte: »Es gibt diesen Spruch: Wer einmal lügt, dem glaubt man nicht, und wenn er auch die Wahrheit spricht.«

Das hat mich als Kind sehr beeindruckt: Dass man durch eine einmalige Verfehlung bereits seine komplette Glaubwürdigkeit und das Vertrauen der anderen verlieren kann. Also musste die Wahrheit etwas sehr Wertvolles sein, das es auf jeden Fall zu achten galt. Dann sagte sie noch: »Es ist nichts so fein gesponnen, es kommt doch alles an das Licht der Sonnen. Weißt du, was das bedeutet?« Und wir haben darüber geredet, dass das nichts Bedrohliches ist, sondern schön und tröstlich, dass am Ende das Echte, Wahre immer siegt. Ich habe ihr das sofort geglaubt. Heute weiß ich, dass die Lage oft recht kompliziert werden kann, wenn jemand es darauf anlegt, zu lügen.

Aber für mich selbst ist die Wahrheit immer der bessere Weg. Das sage ich jetzt so. Das glaube ich auch. Aber wenn ich es wirklich ganz genau nehme, dann weiß ich, dass ich in meinem Leben auch nicht immer ganz ehrlich gewesen bin. Und dass ich mir manchmal selbst was in die Tasche lüge. In bester Absicht, zur Beruhigung oder Vergewisserung oder aus welchen Gründen auch immer. Oft eher unbemerkt und nebenbei. Denn wenn ich mir dessen bewusst wäre, würde ich es ja nicht machen. Wahrscheinlich. Oder?

Also habe ich inzwischen gelernt, dass es gar nicht so einfach ist mit der Wahrheit oder der Wahrhaftigkeit. Vor allem vor dem Hintergrund, dass es so etwas Absolutes wie die Wahrheit an sich gar nicht gibt. Und dann noch diese Sache mit den Notlügen und Kleinigkeiten, die keinem weh tun, oder die Idee, dass es gnädig sein kann, anderen eine unangenehme Wahrheit vorzuenthalten. Und das alles ist nur ein Teilaspekt von Integrität.

Petra Hettlage

Michaele

»… Ich freue mich und bin neugierig auf das, was kommen und möglich sein will …«

Hallo Uwe, da stellst du mich und meine Integrität echt vor eine Herausforderung. Immerhin hast du mich dazu gebracht, in meinen engsten Kreisen darüber ins Gespräch zu kommen, uns auszutauschen, zu diskutieren, gemeinsam zu schwingen und zu Essenzen zu kommen. Hier die meinen:
Die Tochter einer Freundin sagte auf die Frage »Was ist für euch Integrität?« spontan: »Ein Wort.«
Aha!
Darauf die Freundin ganz knapp: »Alltag.«
Auch aha!

Für mich hat Integrität viel zu tun mit Im-Einklang-Sein, immer wieder neu im Jetzt zu kreieren. Mit meinem Denken, Fühlen, Spüren, Reden und Tun authentisch zu sein, mit meinen Lebensentscheidungen auf meinem Weg so klar zu sein, wie es mir gerade möglich ist. Meine Entwicklungen und Entfaltungen wertzuschätzen, verbunden mit meiner Quelle zu sein, meinen Rhythmus zu leben und die immer höheren Frequenzen zu mögen.

Integrität bedeutet für mich auch, meine Macken zu mögen, meine Unvollkommenheiten im Jetzt anzunehmen, meine Kompromisse für den Augenblick zu akzeptieren – mich als ganze Person zu akzeptieren, zu respektieren und zu lieben. Und mich nach außen zu zeigen, mit alldem, was mich ausmacht, was in mir ist und was ich bin. Mich nicht zu verstecken oder gar zu schämen. Und gleichzeitig bedeutet für mich integer zu sein, auch klare Grenzen zu haben, innen wie außen, sie zu spüren, zu setzen, zu akzeptieren und immer mal wieder zu überschreiten (mein Lieblingsbild für Grenze ist die semipermeable Membran).

Was für Herausforderungen, oder? Integrität heißt für mich dann, in möglichst großer Übereinstimmung mit meinen Frequenzen zu leben.
Ich freue mich und bin neugierig auf das, was kommen und möglich sein will. So bin ich offen und präsent, alles anzunehmen, mit mehr und mehr Synchronizitäten zu leben, kongruent mit mir und meinem Leben zu sein. Das heißt dann auch, (Selbst-)Verantwortung zu übernehmen, für mich, meine Aufgaben und Anliegen, für Menschen, Tiere, die Natur und alles, was mir anvertraut ist – und für das, was ich für eine gerechtere und heilere Welt tun kann.

In den Diskussionen mit meinem Freund merken wir oft die Unterschiede in unseren Reichweiten, unseren Frequenzen und unserer Integrität, im Denken, Fühlen, Reden, Tun und Sein. Meine gehen oft weit und tief in Systeme hinein. Aber wenn wir uns so sein lassen können, wie wir sind, und respektvoll mit uns selbst umgehen, kommen uns oft Aha-Erlebnisse, die uns beide weiterbringen, manchmal auch sehr dynamisch. Das ist schön, tut gut und macht unsere Beziehung sehr lebendig. Das heißt, meine Integrität ermöglicht mir auch immer mehr Gelassenheit, Mut und Leichtigkeit, die Integrität anderer

Menschen wahrzunehmen und gemeinsam inspirierend zu leben. Das wirkt im Alltag und in der Arbeit, klar.

Danke für deinen Impuls, auch wenn er mich erst einmal in meinen Widerstand gebracht hat – aber der gehört auch zu mir und ist Teil meiner Integrität …

Michaele

Simone

*» … Integrität bedeutet für mich auch,
die Seele im Menschen zu sehen … «*

Ehrlichkeit zu anderen und vor allem zu sich selbst. Auch wenn es nicht immer einfach ist oder von außen sehr viele Gegenstimmen kommen, das versuche ich heute zu leben. Bei meinen beiden Kindern ist es mir bisher gut gelungen. Wir schaffen uns immer wieder Freiräume, um auch eine erfüllte Ehe zu haben. Und wir merken immer wieder, wenn wir zufrieden und entspannt sind, sind es die Kinder auch. Auch wenn wir nicht 24 Stunden am Tag für sie da waren.

In meinem Umfeld ist sehr viel passiert. Ich hatte früher ein schlechtes Verhältnis zu meinem Vater und kaum Kontakt mit ihm, weil er mir nicht guttat, keine Ehrlichkeit lebt. Mittlerweile habe ich aber sehr viele Themen für mich klären dürfen, so dass ich ihm nichts nachtrage, sondern für alle Erfahrungen dankbar sein kann. Und plötzlich erfolgte von ihm eine Annäherung und ich durfte ihn Anfang dieser Woche sogar behandeln. Was in Zukunft kommt, weiß ich nicht, aber die ersten Schritte sind getan. Und das ist einfach schön.

Integrität bedeutet für mich auch, die Seele im Menschen zu sehen. Ob er sich nun alles andere als gut verhält oder nicht. Es bedeutet, Mitgefühl mit ihm zu haben, da ich seine Geschichte nicht kenne und daher nicht gleich in

Urteile und Wertungen übergehe. Das ist eine sehr schöne neue Erfahrung für mich. Ich hab die Leute immer sehr gerne in Schubladen gesteckt, oder wie mein Mann es ausdrückte: »Die Leute bekommen von dir immer eine schöne Geschichte!« Und nun schaue ich einfach hinter die Fassade, sehe mehr, höre mit dem ganzen Körper und fange an zu verstehen. Ich fange allmählich an zu verstehen und ich bin neugierig, was noch alles kommt und vorgesehen ist.

Simone

Ruth

*»… Wir hätten wohl eine andere Welt,
würden sich mehr Menschen mit
ihrer Integrität auseinandersetzen …«*

Integrität bedeutet für mich, auf meine innere Stimme zu hören und zu vertrauen. Authentisch und ehrlich in der Kommunikation, in meinem Ganzen sein. Meinem Ego, meinen Werten und dem Lebensplan zu folgen ohne Kompromisse. Die Eigenverantwortung übernehmen auf allen Ebenen. Fehlen Anteile in meinen Entscheidungen oder in meinem Tun, fühle ich, dass es nicht rundläuft und mich nicht zufrieden macht. Dann spüre ich auch nicht den Fluss.

Integrität bedarf Achtsamkeit, mit sich und allem, was ist: Menschen, Tieren, unserer Mutter Erde. Unsere Bienen werden von uns Menschen vergiftet. Aber gibt es keine Bienen mehr, gibt es uns Menschen auch nicht mehr. Die Biene ist ein kleiner Teil vom großen Ganzen, so wie wir es auch sind.

Nur wenn ich mich kläre, das ist für mich wie Hygiene auf allen Ebenen, kann ich integer arbeiten. In Dankbarkeit und Demut annehmen, was war und ist auf meinem Lebensweg.

Gehe ich in die Liebe und in das Vertrauen, lösen sich Angst und Mangel auf.

Mein Mann war letztes Jahr einige Monate arbeitslos, seine Ängste waren sehr groß. Ich war im Vertrauen. Es gab wenige Situationen, in denen ich mit in die Angst ging. Dann fühlte mich klein, hilflos, kraftlos. Ich spürte mich in diesen Momenten nicht mehr. Doch ich konnte nach kurzem Durchwandern des Gefühls wieder rausgehen in das Vertrauen. Ab und zu wunderte ich mich über mich selbst, aber es waren keine Angst und kein Mangel bei mir, sondern Vertrauen. Es fühlt sich für mich an, wie wenn ich in mir angekommen wäre.

Die Themen Neid, Gier, Gurugehabe, Macht und Kampf haben keinen Platz. Stattdessen: Leben nach Bedarf und Notwendigkeit. Vollkommen integer zu sein fühlt sich frei, voller Liebe und Leichtigkeit an. So als ob die Seele Flügel hätte und ich strahle und leuchte aus meinem innersten Ich. Es gibt kein Buch, aus dem ich Integrität erlernen kann. Ich schreibe mein eigenes Buch (Bücher) durch meine gelebten Prozesse. Da gibt es noch einiges zu tun!

Lieber Uwe, mein Widerstand war groß, diesen Text zu verfassen. Danke, ich habe einiges erkannt. Wir hätten wohl eine andere Welt, würden sich mehr Menschen mit ihrer Integrität auseinandersetzen.

Ruth Ankele

Daniela

> *»… Wesentlich, um integer zu sein, sind für mich: Selbstliebe, bewusst sein, annehmen, was ist, und neu wählen oder entscheiden …«*

Für mich bedeutet Integersein als Erstes: ja sagen zu mir! Liebevoll und aus der Freude heraus tun, was und wie es für mich stimmig ist. Wie es meinem Wesen entspricht. Egal, ob man/frau das tut oder nicht und wer was dazu meint.

Wenn ich Kompromisse eingehe, dem Frieden zuliebe (auch so ein Spruch – wessen Frieden denn, bitte schön?), mich selbst belüge, etwas tue, von dem ich denke, es gefällt oder nützt den anderen, und mir davon etwas (wie Anerkennung oder Liebe) erhoffe, dann sage ich nein zu mir. Doch wenn es für mich nicht stimmig ist, dann ist es auch für die anderen nicht richtig. Diese spüren es sowieso, wenn etwas nicht von Herzen kommt. Es bringt also allen Beteiligten nichts, im Gegenteil: Es schadet.

Im Alltag kostet es mich je nach Situation manchmal noch Mut, ja zu mir zu sagen. Einfach unglaublich, oder? Da wurde wohl schon ganz früh ein Samen der Annahme gesät, ich sei schlecht, minderwertig, nicht in Ordnung, so wie ich bin. Kirche & Co. hatten vermutlich auch einiges dazu beigetragen. Ich bin getauft und »katholisch erzogen« worden. Obwohl zu Hause nichts dergleichen vorgelebt worden ist. Außer, dass an Feiertagen die Großel-

tern zu uns kamen und im Fernseher die »Vorführung des Papstes« lief. Wir Kinder mussten dann ganz still sein. Ich fand das immer lächerlich. Ein alter, gebeugter Mann, der in hundert Sprachen etwas brabbelt, was sowieso keiner verstehen konnte. In der Schule dann Religionsunterricht. In der 2. Klasse durften meine beste Freundin und ich nicht denselben Unterricht besuchen, obwohl wir doch beide Christinnen waren und an dasselbe glaubten? Doch katholisch und reformiert ist eben nicht dasselbe. Sehr verdächtig!
Dann in der 3. Klasse: die Beichte. Ich kann mich heute noch daran erinnern. Es war leicht traumatisch. Wir mussten etwas finden, das wir beichten konnten. Es ist nicht so, dass ich zu brav war und mir nichts in den Sinn gekommen wäre. Doch diese grundsätzliche Annahme, dass es etwas zu beichten gibt, war es, die mich so störte. Vor etwa zwanzig Jahren bin ich aus dem »Verein« ausgetreten. Das alles hat mir allerdings dazu verholfen, mir meine eigene Religion und mein eigenes Gottesbild zu erschaffen. Große Geschenke also.

Auch sehr prägend bei solch feierlichen Besuchen meiner Großeltern war, dass regelmäßig die Nachrichten geschaut wurden und wir dabei ebenfalls sehr still sein mussten. Meine Großmutter las in der Zeitung immer zuerst die Todesanzeigen, um danach das Ableben auch unbekannter Menschen zu kommentieren. Seit Jahren besitze ich keinen Fernseher mehr und lese auch nicht mehr die Zeitung. Gott sei Dank! Damit habe ich mir sehr viel Zeit und Freiraum zum Denken geschenkt. Mein damaliges Umfeld tat sich allerdings etwas schwer damit. Viele Menschen brauchen diese News, um mitreden und mitleiden zu können. Bis heute hat sich mein privates Umfeld sehr verändert. Ich schätze einen bereichernden Austausch mit wenigen ausgewählten Lieben.

Integersein bedeutet …
… Glaubenssätze, Muster, Überzeugungen, Meinungen kritisch prüfen und neu wählen. Zum Beispiel: Frauen sind multitasking-fähig. Ich hatte es gleich bemerkt, ich bin es nicht. Oje, stimmt etwas mit mir nicht? Eine Frau bin ich auf jeden Fall. Heute ist es mir egal, was andere dazu sagen. Es ist mir sogar sehr recht, dass ich mich voll und ganz der jeweiligen Sache widme, die ich gerade tue.

… liebevoll das tun, wie es für mich stimmig ist. Wie ist es stimmig für mich?

… ich bin der wichtigste Mensch in meinem Leben. Ich lenke meine Aufmerksamkeit liebevoll auf das, was mir wichtig ist. Ich nehme alles an, was ist, im Wissen, dass alles seinen Sinn hat. Ich lerne daraus und entscheide, wie ich damit umgehen will. Das Leben hält soooo viele Geschenke für mich bereit.

… Verantwortung. Ich übernehme die volle VerANTWORTung für mein Leben in allen Bereichen. Auf diese Weise erhalte ich alle Antworten, die ich brauche. Sie sind sowieso schon da, in mir drin. Wenn ein Thema immer wieder auftaucht, bleibe ich dran, bis ich meine Antwort gefunden habe. Bis es stimmig ist für mich.

… ich bringe Ordnung in mein Leben.

… ich entscheide, was nehme ich mit und was lasse ich los. Ich befreie mich von allem, was meinem Wesen nicht entspricht (Personen, Gegenstände, Situationen).

… liebevolles Räumen und Entsorgen: Ohne es zu planen, habe ich im Dezember meiner Lust zu räumen nachgegeben. Im Unterschied zu früheren »Aktionen« habe ich es dieses Mal liebevoll und mit Wertschätzung getan. Es ist so befreiend und gibt Raum für Neues und macht so leicht. Voller Freude und Dankbarkeit fuhr ich in die Entsorgung. Tatsächlich gehen auch Sorgen damit weg.

Ich habe mich liebevoll aus dem Amt der Patentante entbunden. Es hat eine Weile gedauert, bis ich dazu bereit war. Immer wieder sagte es in mir: Du bist eine Verpflichtung eingegangen und musst diese auch wahrnehmen. Die ganze Familie wird enttäuscht sein, den Kontakt zu mir abbrechen etc. Wie soll ich es ihnen beibringen? Je mehr ich mich fragte, wie es für die andern wohl sein würde, desto mehr brachte es mich von mir weg. Bis heute ist keine Reaktion gekommen und ich vermisse nichts.

Ich lerne daraus, dass ich auch bei schwierigen Entscheidungen, die andere Menschen betreffen, immer zuerst spüren darf, wie es für mich stimmig ist. »Wer A sagt, muss auch B sagen« ist auch so ein Spruch, den vermutlich die Opfer aufrechterhalten, um sich vor den Konsequenzen zu drücken. Im Büroalltag gibt es die Tradition des »Dienstags-Kaffees«. Zwei Jahre habe ich daran teilgenommen. In letzter Zeit habe ich vermehrt gespürt, dass es für mich nicht mehr stimmig ist. Nun nutze ich diese Pausenzeit für einen Spaziergang in der Natur. Auch wenn es nicht allen passt oder einige sogar neidisch sind.

Die »Spielchen« im Büro sind ein besonders großes Übungsfeld für Integrität. Ich durchschaue die Spielchen und wähle bewusst, nicht mehr mitzuspielen. Ich gebe mein Bestes für eine optimale Lösung, ohne dafür Anerkennung, Lob, Wertschätzung zu erwarten.

In meiner Selbständigkeit als Therapeutin bleibe ich meinen Werten treu und handle entsprechend. Ich vertraue darauf, dass sich der Erfolg einstellt, wenn ich im Fluss bin. Es kommen die passenden Klienten. Jede Sitzung ist ein Geschenk.

… Weihnachten. Mit mir alleine verbringen, auch wenn Mutter, Geschwister und Nichten einladen …

… Haare schneiden. Ich trug die Haare lang. Meinetwegen? Weil es weiblich ist? Weil Männer es mögen? Immer mal wieder hatte ich Lust, die Haare zu schneiden, und es auch einige Mal getan. Meistens ließ ich sie dann gleich wieder wachsen. Dieses Mal waren die Haare wenige Tage nach dem ersten Impuls geschnitten. Ich rief am Donnerstag bei einem neuen Salon an für einen Termin am Freitag. Ich liebe es, kurzfristig zu entscheiden. Es war ein Salon mit mehreren Angestellten. Die mir zugeteilte Person war an diesem Tag krank. Und es war eine tolle junge Frau, die mir die Haare so schnitt, wie ich es mir wünschte und wie ich es gerne habe. Fügungen.

… mir Gutes tun. Nach einer fast vierjährigen, sehr intensiven Ausbildung habe ich mir im ersten Jahr danach – trotz Aufbau meiner Selbständigkeit in eigener Praxis – viel Gutes gegönnt. Anstatt auf Klientenjagd zu gehen, wie es einige Kolleginnen äußerst kreativ getan haben, begann ich, Tango Argentino zu tanzen, Impro-Theater, Trommeln, indianische Flöte zu spielen. Endlich wieder leben, genießen. Ausprobieren, was ich schon immer mal (wieder) machen wollte. Im Vertrauen, dass es sich zum Besten fügen wird. Man kann ganz viel tun, um an Klienten zu kommen, und es funktioniert oder nicht. Oder man kann es lassen, und es funktioniert oder nicht. Entscheidend ist meines Erachtens die innere Bereitschaft, es sich wert zu sein und seinen Werten treu zu bleiben, auch wenn das Geld knapp ist.

… Sinn des Lebens. Meinen eigenen, einzigartigen und einmaligen Herzensweg gehen. Auf allen Ebenen und in allen Bereichen. Jeden Tag dankbar als Geschenk feiern. Voller Liebe, Freude, Spaß, Leichtigkeit, Genuss.

… inspirieren. Aus dem göttlichen Suppentopf habe ich nicht nur zwei große Schöpflöffel Geschenke in Form herausfordernder Erfahrungen geschöpft, sondern auch Geschenke in Form von Talenten. Ein großes Geschenk ist meine Begeisterungsfähigkeit, die ich gerne weiterschenke, ganz ohne Absicht oder Erwartungen und ohne zu missionieren – das war einmal. Heute ist es mir eine Freude, Menschen zu inspirieren, ihre eigene Begeisterung zu entfachen und zu leben. Der »Harry & Sally«-Effekt funktioniert.

… annehmen, was ist. Auch das Dunkle! Ich hatte die Tendenz, nur das Lichte sehen zu wollen. Das habe ich vermutlich irgendwann als Überlebensstrategie eingerichtet. Die volle Kraft steht erst zur Verfügung, wenn ich auch das Dunkle erkenne und integriere. Selbstliebe hilft dabei.

… Selbstliebe. Das Licht der Selbstliebe leuchtet für mich, in mir und aus mir für alle und alles. Es erhellt das Dunkle, transformiert es und erfüllt das Neue mit Liebe.

… Geschenke. Nur, weil etwas geschenkt ist, muss ich es nicht annehmen. Die Beschenkte wählt, ob sie das Geschenk annehmen will und was sie damit macht. So häufig wird aus Berechnung und aus einer Erwartungshaltung heraus geschenkt.

… Freiheit. Das Gegenteil sind Abhängigkeiten. Wer abhängig ist, kann abgehängt werden. Wer von mir abhängig ist, hängt an mir. Das macht schwer und unbeweglich. Warum mache ich mich abhängig? Weil ich annehme, etwas zu brauchen, das fehlt. Dabei ist alles schon da, in mir. Das ist Freiheit. Ich lasse mich nicht benutzen von Jammerern, Manipulierern und anderen Energiedieben. Ich habe selber genügend Energie, weil ich das tue, was mir entspricht. Ich brauche keine Energie von anderen, mache keine Kompromisse und bin frei von Abhängigkeiten. Ich bin glücklich mit mir. Ich brauche keine Menschen oder Dinge, um glücklich zu sein.

… wählen oder ausweichen. Ich darf und soll wählen. Indem ich ausweiche, verdränge ich, und das Thema wird sich in anderer Form wieder zeigen. So lange, bis ich es anschaue und löse.

… treu sein. Mir selbst und meinen Werten, egal wer, wie, was.

… den Tod ins Leben integrieren. Vom ersten Atemzug an und noch früher leben wir dem Tod entgegen! Über Jahre hatte mich die Angst begleitet, wenn ich jetzt sterbe, würde noch was fehlen. Diese Angst hat sich gelegt und einem tiefen inneren Frieden Raum gegeben. Nicht, dass ich es eilig habe mit dem Sterben. Jetzt genieße ich den Frieden in mir, und ich genieße jeden Tag als geschenkte Lebensfreudezeit. Und wenn es dann mal so weit ist, soll es ein Fest der Freude sein, mit Lachen, Tanzen, Singen. Ich habe nie verstanden, wieso der Tod so ein Tabuthema ist. Die klassische Abdankungsfeier kommt für mich eher einem Theater gleich.

… meine Achtsamkeit liebevoll auf meine Vision, meinen eigenen Herzensweg lenken. Dazu ist es wichtig, dass ich meine Werte kenne und bewusst lebe. Auch diese dürfen sich jederzeit ändern, so wie sich das Leben ständig wandelt.

… immer wieder neu wählen. Auch einmal gefällte Entscheidungen revidieren. Ich verändere mich in jedem Augenblick und so auch meine Ansichten, Erfahrungen.

… auf finanzielle Unterstützung verzichten, auch wenn das Budget sehr knapp ist.

… Kontakte bewusst wählen und loslassen, wenn sie nicht mehr stimmig sind. Auch wenn es meine Mutter, mein Bruder, eine langjährige beste Freundin ist. Und es annehmen, wenn andere den Kontakt mit mir nicht mehr wünschen. Ich möchte nicht, dass jemand mit mir Kontakt pflegt, weil sie/er sich verpflichtet fühlt. Versprechen, Verträge, Abmachungen zurücknehmen. Etwa zehn Jahre lang hatte ich eine beste Freundin. Während der letzten Jahre wurde mir immer bewusster, dass so vieles für mich in unserer Freundschaft nicht mehr stimmt. Es wurde mir klar, dass ich anfangs meine eigenen Bedürfnisse zu wenig wahrgenommen hatte. Eigentlich war es nie wirklich stimmig, sondern eher eine Abhängigkeitsbeziehung. Da wir eine Art Abmachung eingegangen waren, immer füreinander da zu sein, fiel es mir schwer, mich aus der Freundschaft zu lösen. Das große Geschenk ist, dass ich erkannte, was mir wichtig ist und wie ich leben will. Ich löse alle meine Versprechungen, Verträge und Abmachungen, die nicht mehr stimmig sind.

Wesentlich, um integer zu sein, sind für mich: Selbstliebe, bewusst sein, annehmen, was ist, und neu wählen oder entscheiden. In der Selbstliebe ist für mich alles enthalten. Bedingungslose, allumfassende Liebe für mich und für alle und alles – ohne Erwartungen. Indem ich bewusst bin, lebe ich im Jetzt – frei von Vergangenheit und Zukunft. Es braucht Bewusstsein, damit Veränderungen und Wandlung stattfinden können. Und um zu erkennen, wo ich selber noch in Fallen der Manipulation, Abhängigkeit, Erwartungen tappe. Indem ich annehme, was ist, gebe ich den Widerstand auf, zu meinen, es müsste anders sein. Ich nehme auch das Dunkle, Unerwünschte an. Dadurch kann ich es transformieren und neu wählen, so wie es mir entspricht. Das Leben hält täglich viele Geschenke für mich bereit und hilft mir zu erkennen, was mir wichtig ist, welche Bedürfnisse ich habe, was Integrität für mich bedeutet.

Was bringt's?
Fügungen. Es darf sich alles zum Besten fügen, wenn ich integer bin und mit dem Leben fließe. Auf zauberhafte, magische Weise. Ein Leben in Freiheit, Liebe, Leichtigkeit,

Licht, Freude, Spaß, Abenteuer, Ausgelassenheit – so wie es für uns alle vorgesehen ist!
Alles integrieren. Mein volles Potenzial ausschöpfen.
Tanze, als würde dich niemand beobachten.
Liebe, als wärst du niemals verletzt worden.
Singe, als ob dich niemand hören könnte.
Arbeite, als ob du kein Geld brauchst.
Lebe, als sei der Himmel auf Erden.

Daniela Ramaioli

Ralph

»… Die Welt würde sich anders drehen mit Integrität in jedem Herzen …«

Integrität bedeutet, mir selbst treu sein, dem eigenen inneren Ich zu trauen und vertrauen.
Integrität bedeutet auch, mich selbst immer wieder zu überprüfen, immer wieder nach der Motivation zu fragen, warum ich etwas tue. Es fühlt sich komplett anders an, ob man aus der Integrität heraus handelt oder nicht. Wenn die Integrität fehlt und ich nicht wirklich hinter meinen Taten und Worten stehe, fühlt sich das flach, leer, kraftlos, kurzlebig und nicht zufriedenstellend an. Die »Erfolge« mögen auch da sein, aber sie haben keine Tiefe.

Wenn ich mich intensiv hineinfühle in das, was ich mache, weiß ich sofort, ob es aus einer Angst oder aus einem Mangel heraus kommt oder ob es etwas Wahrhaftiges ist, das aus mir mit Freude und Kraft herausstrahlt. Integrität ist und hat Tiefe und duldet keine angstbasierten Handlungen. Bin ich klar? Nur wenn ich klar bin, kann ich auch integer leben und arbeiten. Integrität will mit Tiefe gelebt sein, aus dem inneren Ich heraus, aus dem Ich, das mich lebendig macht. Es ist das strahlende Ich, das emporkommt. Ich frage mich: Wie willst du leuchten, wenn du nicht integer bist? Es geht nicht. Es ist dann nur der Schein, als ob. Welche Werte habe ich? Das ist eine Frage, die auch in aller Tiefe gelebt werden will, genauso wie die Frage des Seins. Wer oder was will ich sein? Wie will ich das beantworten, wenn ich nicht ich bin, nicht integer mit mir selbst.

Das Ziel des integren Menschen ist ein Ziel, das die Menschheit spaltet. Nicht jeder geht den Weg des integren Menschen. Machtkämpfe hindern viele daran. Es zersplittert viele Menschen in sich selbst, sie zerbrechen an sich selbst in der Hoffnung, dass andere das für sie tun, was sie für sich selbst nicht tun würden. Sie leben für andere oder gar nicht. Integrität im Herzen bedeutet liebevoll sein. Es ist kein Kampf da, sondern der innere Fluss, der harmonische Fluss des Herzens. Die eigene Kraft spüren, das Ich wahrnehmen, das Ich fühlen, das Ich leben. Die Welt würde sich anders drehen mit Integrität in jedem Herzen.

Stabil in sich stehen, Geborgenheit in sich selbst spüren, tiefe Verbundenheit zu all dem, was ist. All dies sind Komponenten des integren Seins. Integrität geht Hand in Hand mit dem eigenen Selbst-Bewusstsein. Je mehr ich mir selbst bewusst bin und je höher die Bewusstseinsebene, desto mehr steigt die Integrität in mir. Dieses Leben ist für mich auch eine Reise in die Integrität und ich darf mich ihr immer mehr nähern.

Ralph Engeler

MANIPULATIONEN

All die üblichen Spiele, um sich die Energie und Aufmerksamkeit anderer zu sichern. Nur darum geht es, um nichts sonst.

Etwa die Hälfte allen Leides auf Erden basiert auf Manipulationen.
Diese können körperlich sein, wie Gewalt.
Diese können biochemisch sein, wie Vergiftungen und Drogen.
Diese können mental sein, wie Gedankenkontrolle, Pressemitteilungen und Fernsehnachrichten.
Diese können emotional sein, wie angstbasierte Erpressungen, Opferspiele.
Diese können energetisch sein, wie Verfluchungen, Verwünschungen, Einweihungen.
Diese können seelisch sein, wie Abspaltungen von Anteilen, magische Techniken.

Die Liste der Grausamkeiten, die Menschen miteinander anstellen, ist damit noch lange nicht abgeschlossen. Ich habe sie auf meiner Lebensreise und für meine Lebensaufgabe, neue energetische Therapiesysteme zu entwickeln, lange in ihren Auswirkungen studieren dürfen oder besser gesagt müssen, denn oft waren es nicht die schönsten Erfahrungen und ich hätte gerne darauf verzichtet.

Als feinfühliger Mensch, der all die Spiele und Manipulationen spürt, hat man auch mal folgenden Gedanken:

Glücklich sind die, die diese Spiele nicht innerlich sehen können oder so abgestumpft sind, dass sie sie nicht wahrnehmen. Andererseits wirken auch bei diesen Menschen die Manipulationen oder sie üben sie selber aus.

Wir alle müssen uns hinterfragen, wann und wo wir Manipulationen erlauben, einladen, zulassen oder selber praktizieren.

Wir alle sind dafür verantwortlich, egal ob dies bewusst oder unbewusst geschieht.

Wenn wir ein integres Miteinander möchten, wenn wir Inspiration, Liebe und Freude erfahren möchten, ist dies nur ohne Manipulationen möglich. Denn nur dann schenken wir einander Energie und stehlen sie nicht einander.

Dein Uwe Albrecht

Christian

> »... *Es geht nicht um Verpackung. Es geht nicht um Geld. Es geht um viel mehr ...*«

Ich hatte vor drei Jahren ein Burn-out und seitdem habe ich mein Leben um 180 Grad gedreht. Ich habe eine Humanflow-Coach-Ausbildung absolviert, mache derzeit noch eine zweijährige Ausbildung zum spirituellen Wegbegleiter und arbeite auch viel mit *innerwise*. Und zwar hauptsächlich in meiner Firma.

Für die administrativen Tätigkeiten habe ich einen Geschäftsführer eingestellt, so dass ich mich auf die Entwicklung meiner Mitarbeiter konzentrieren kann, also ich arbeite für sie als Coach in allen Lebenslagen. Natürlich bin ich auch noch nach wie vor für die strategische Unternehmensführung verantwortlich. Hierbei geht es mir im Wesentlichen um die völlige Abkehr von jeglicher Angst und die Hinführung zur Liebe. Das betrifft nicht nur meine Mitarbeiter, sondern alle am Prozess beteiligten Menschen.

So trenne ich mich konsequent von Kunden – unter vollem Risiko –, die nicht integer sind und nur ihren eigenen Vorteil verfolgen. Wir haben auch das komplette Erscheinungsbild unserer Firma an die neue Ausrichtung angepasst, und folgender Text erscheint demnächst auf unserer Internetseite (zur Erklärung, wir sind ein Verpackungsunternehmen):

Worum es in Wirklichkeit geht
(meine ganz persönliche Sichtweise):

Es geht nicht um Verpackung. Es geht nicht um Geld. Es geht um viel mehr.

Die Verpackung ist nur die Plattform, auf der wir uns bewegen. Es könnte auch ein ganz anderes Thema sein, doch auch dies würde nichts an der wesentlichen Motivation verändern. Was aber ist unsere Motivation?

Wir wollen Menschen ein bisschen glücklicher machen.
Wir möchten unseren Teil zum großen Ganzen beitragen, dass es den Menschen gutgeht, soweit es in unserer Macht steht.
Das Gemeinwohl ist unser höchstes Unternehmensziel.
Wir setzen unsere Erfahrungen ein.

Ich hatte das große Glück, umfangreiche Erfahrungen zu erleben. Diese haben mich ein Stück weiser gemacht. Aus dieser Weisheit sind meine persönlichen Werte entstanden, die ich mit in meine Firma einbringe.
Authentizität – Lebe das wahre Selbst.
Ehrlichkeit – Nur die Wahrheit führt uns nachhaltig auf den richtigen Weg.
Liebe – Wir lieben uns und unsere Kunden und Partner.
Selbstverantwortung – Wir sind uns unserer Verantwortung für uns selbst bewusst.
Achtsamkeit/Bewusstheit – Nur wer achtsam und bewusst ist, ist lebendig.
Vertrauen – Wer vertraut, braucht kein Sparprogramm.
Gemeinwohl – Indem wir anderen helfen, helfen wir uns.
Mitgefühl – Wir fühlen mit.

Kommen wir wieder zur Verpackung. Unsere Verpackung dient uns als Schutz. Sie beschützt das Gut in ihr und gibt uns Sicherheit. Das Bedürfnis der Sicherheit entsteht aus der Angst. Das Gegenteil von Angst ist Liebe. Bei uns werden Sie als Kunde geliebt – mit Sicherheit.

Christian (Peter) Mense

Sandra

*»… Das, was in mir steckt, möchte ich
auf der Lebensbühne erwecken …«*

Ich kann alle Schulen besuchen, Millionen Bücher lesen, alle Wissenschaften studieren und das alles mit dem Kopf verstehen und in die Welt tragen. Wenn ich all das aber nicht wirklich fühle, spüre und vor allem im Leben umsetze, auch so, dass es andere um mich herum auch leben, spüren und fühlen können, was nutzt mir dann all das Wissen?

Wenn ich etwas höre, lese, lerne, verstehe, es für echt und richtig empfinde und es in mein Leben fließen lasse wie Wasser, das täglich ganz selbstverständlich meine Kehle hinunterläuft, und wenn ich auch nur einen Bruchteil von all dem Wissen verstehe, es aber fühle, spüre und es in meinem Leben umsetze, in meinen Alltag einfließen lasse, es einfach lebe, dann beginnt da für mich Integrität. Ich fahre mit dem Auto und sehe die Menschen in den anderen Autos an, nehme Kontakt mit meinen Augen zu ihnen auf, um zu signalisieren, wer wann fährt, oder lasse jemanden vor mir in den Verkehr rein. Dann freue ich mich und fühle mich wohl und der fremde Autofahrer auch. Und manchmal gibt es dann ein Lächeln auf beiden Seiten, das ist für mich Glück und der Stoff, aus dem Leben gemacht ist.

Zu tun, was ich für gut empfinde, wirklich zu tun, was ich am besten kann, das Feuer in mir zu fühlen und die leuchtenden Augen der Menschen zu sehen, die mir zuhören oder mit mir tanzen, weil ich aus dem Herzen tanze, das ist für mich das Leben. Wenn diese Menschen nach einer Zeit mit mir gehen, glücklich und ausgelassen erzählen und miteinander lachen, weil ich ihr Herz berührt habe, dann ist das für mich Integrität. Dann habe ich das, was ich am besten kann, in meinem Leben zugelassen und umgesetzt und weitergegeben an alle, die es wollen. Das fühlt sich an wie sprudelndes Wasser frisch aus der reinen Quelle. So fühlt sich Integrität an.

Wenn ich mich täglich beobachte und frage, wie es mir geht und warum es mir so geht, beginne ich, mit mir selbst ehrlich und wirklich umzugehen. Denn die Ehrlichkeit, die Wahrheit beginnt zuallererst bei mir. Und begegne ich mir jeden Tag so, dann kann ich auch in allen noch so banalen Situationen wahr und ehrlich sein. Es beginnt beim Absagen eines Termins. Sage ich ehrlich, warum ich was nicht tun will, habe ich das Gefühl, alles fließt und läuft von alleine. So ist es im Kleinen und so ist es im Großen. Wobei es da für mich keinen Unterschied gibt. Die großen Schritte sind so existenziell wie die kleinen. Die kleinen bringen mich zu den großen. Das, was in mir steckt, möchte ich auf der Lebensbühne erwecken. Für mich gibt es nur einen Weg dazu, die Ehrlichkeit und die Wahrheit zu mir selbst. Und was ich dann lerne und verstehe und weitergeben kann aus mir selbst heraus, das ist Integrität.

Und wenn ich falle, ganz tief ins dunkelste Loch, dann ist es genau die Zeit, all das Gehörte, Gelesene, Gelernte umzusetzen und mich selbst aus dem Loch zu holen. Das ist der Weg, wie man es lernt. Jedes Mal, wenn es dunkel wird um mich und still, wenn Angst hochkriecht wie ein Wurm, dann bin ich gespannt und es fühlt sich ein bisschen wie Vorfreude an, denn das ist die Zeit, in der ich weiterkommen darf, in der ich umsetzen kann, was ich mit dem Verstand erfasst habe. Nach diesen dunklen Löchern und Zeiten ist etwas in mir gewachsen, es hat mich eine Stufe höher gebracht, dann habe ich etwas integriert. Nun will ich lernen, es zu schaffen, das alles täglich zu halten und immer schneller zu erkennen, wenn ich im Loch sitze und vor allem, warum ich da sitze, und immer schneller zu wissen, wie ich herauskomme. Das ist ein weiterer Schritt. Wachstum bedeutet, alles, was noch im Leben auf mich wartet, zu erkennen, anzunehmen und umzusetzen …

… Damit ich am Ende meines Lebens auf dem Sterbebett liege und sage: »Ich habe alles, was für mich offenstand und für meinen Lebensplan gedacht war, integriert und gelebt, danke.«

Sandra Nelte-Best

Angelika

»… Wirklich das machen können, was nur guttut, mich mit allen meinen Sinnen ›satt‹ macht und meiner Seele Zufriedenheit gibt …«

Integrität ist da, wenn man einfach so lebt, wie es ursprünglich angelegt wurde, und die ganze Fülle des Lebens mit seinen Höhen und Tiefen auskostet.

Auch wenn man einfach authentisch ist – als Barometer dafür sehe ich immer meine Lebensfreude. Wirklich das machen können, was nur guttut, mich mit allen meinen Sinnen »satt« macht und meiner Seele Zufriedenheit gibt. Ich spüre es, wenn ich ganz und im Reinen bin – ganz einfach und schlicht.

Ich habe das große Glück, dieses Thema der Ganzheit in meinem Beruf als Astrologin zu leben und täglich Menschen beraten zu können, die eben aus dieser Ganzheit herausgefallen sind. Die besten Beratungen gebe ich, wenn ich einfach so bin, wie ich bin – eben authentisch. Mal freundlich, mal Hausaufgaben verteilend, mal tröstend, mal Wege aufzeigend und viel gute Laune und Humor verbreitend. Die Astrologie hat mir in den vergangenen zwanzig Jahren die Wege gezeigt, die ich gehen kann, um diesen Menschen behutsam und mit viel Liebe zu zeigen, wie sie wieder zurückfinden zu ihrem »wirklichen Ich«.

Es sind so einfache Dinge wie die vier Elemente:
Feuer: den Mut finden, die Dinge zu tun, die du schon immer tun wolltest.
Erde: die Kraft, für das einzustehen, was dir etwas bedeutet.
Luft: die Leichtigkeit und Unbekümmertheit zu entdecken.
Wasser: die Tiefe und Klarheit, den wirklich wichtigen Fragen deines Lebens nachzugehen.
Auch ich bin eine Schülerin, die diese vier Lebensthemen täglich ganz neu entdeckt, wiederentdeckt, aufdeckt und manchmal auch (leider) wieder leise zudeckt.

Mein Beispiel für Mut (Feuer): wieder Autofahren lernen. Ich habe zwar vor vielen Jahren den Führerschein gemacht, bin aber nie gefahren (wir wohnten in einer Großstadt). Jetzt lebe ich hier auf dem Land und möchte es wieder lernen, und dazu brauche ich viel Mut.

Mein Beispiel für Kraft (Erde) – aktuell und hier aus dem Schwarzwald: Ich werde mich mit meiner Kraft dafür einsetzen, dass die Obstbäume abgeerntet werden oder wenigstens ein Schild an den Bäumen steht, meine Äpfel sind gratis! Es gibt so viele Familien, die das Obst gut gebrauchen könnten, das sonst verfault, weil sich niemand traut.

Mein Beispiel für Leichtigkeit (Luft): Ich entdecke in diesem Jahr das Singen wieder, meine Stimme war ganz eingerostet. Ich habe mir einige CDs zum Mitsingen besorgt, aber manchmal muss es auch ein Lied aus dem Radio sein – einfach so und ganz laut! Ich wusste gar nicht, dass ich so tief singen kann.

Mein Beispiel für Klarheit (Wasser): Das Wasser führt alle Dinge zusammen: meine Familie, meine Arbeit, meine Spiritualität und vieles mehr. Es ist wie ein Bogen, in dem alles enthalten ist. Je länger ich lebe, desto mehr schließt sich der Kreis des Lebens und alles bekommt den Platz, an dem es schon immer sein sollte. Wie ein Puzzlespiel, bei dem am Anfang weder die Menge der Stückchen noch die Bilder bekannt waren, und irgendwann einmal werde ich sagen: »Oh, wie schön, dieses große und ganze Bild. Das war mein wahres Leben … meine Ganzheit.« Und mit einem Lächeln und einem Augenzwinkern: Ein wenig übe ich täglich an dem Puzzle und dafür möchte ich dir auch mal danke sagen.

Integrität und Ganzheit haben für mich auch ganz viel mit Liebe zu tun – so eine Art universelle Zuneigung, die hinter allem steht. Eben einfach das Leben selbst. Einfach so, wie ich auch einfach so am vergangenen Freitag auf eine Verkäuferin zuging und sie nach ihrem selbstgemachten Schmuck fragte und mit dem Buchhändler, der direkt daneben stand, über seine Liebe zur italienischen Küche plauderte (ich habe gerade ein Kochbuch gekauft) – beides völlig unbekannte Menschen in einer ganz anderen Stadt. Eben authentisch sein – ich bin einfach so –, und alle sind freundlich. Die Atmosphäre wurde ganz anders und wir haben so gelacht. Das gibt es doch auch, gerade in Deutschland.

Also, »einfach so« sein und das mit grundsätzlicher Liebe dem Leben und den Menschen gegenüber – das ist für mich ein integrer Mensch!

Angelika Winz

Heike

*»… Leben, du kannst kommen,
ich bin offen für dich …«*

Integrität bedeutet für mich, vertrauen zu können und sicher zu sein, dass mein Gegenüber ehrlich zu mir ist und Achtsamkeit walten lässt. Für mich heißt es, aus meiner eigenen Quelle heraus meinen Lebensweg zu finden und dann zu gehen, ohne andere Menschen dabei zu manipulieren.

Das habe ich in den letzten Monaten mit der Unterstützung von *innerwise* geübt und auch ganz bewusst in mein Leben eingebaut.
Wenn ich etwas tue, schaue ich genau nach dem Bedarf und der Notwendigkeit dessen, was ich machen will, und ob es meine Aufgabe ist sowie der richtige Zeitpunkt. Dies gilt in Behandlungen, die ich momentan noch ausschließlich in meinem Umfeld machen durfte, wie auch in meinem täglichen Leben.

Jetzt, nachdem ich seit fast zwei Jahren und mit der Unterstützung von *innerwise* an mir selber arbeiten durfte, habe ich verstanden, dass es am wichtigsten ist, sich selber zu lieben. Nur dann kann ich auch liebevoll mit den anderen Menschen umgehen und bin nicht vollkommen abhängig von der Liebe anderer Menschen. Ich bin dankbar, dass mein Umfeld mich im alltäglichen Leben so viel lernen lässt, weil ich offen für die anstehenden Aufgaben bin. Aber diese Aufgaben sehen zu wollen und sie anzugehen, auch das ist für mich Integrität.

Das Reduzieren von inneren Ladungen, also von allem, was keine Liebe ist, sowie das Beenden von Kompromissen sind für mich sehr wichtige Themen auf dem Weg zur Integrität. Wenn ich mit vielen Kompromissen lebe und sie nicht versuche auf meine eigene Menge zu reduzieren, kann ich nicht frei und glücklich sein. Wir dürfen erst frei und glücklich sein, wenn wir den unnötigen Teil unserer Kompromisse losgelassen haben. Bei Ladungen ist es genau das Gleiche, hier darf auch jeder für sich darauf achten, dass er versucht, Ladungen auf das Maß zu reduzieren, das in dem Moment das passende für ihn ist. Meine Familie und ich haben einen Teil unserer Ladungen reduzieren dürfen, indem wir umgezogen sind.

Integrität heißt für mich auch authentisch sein, seinem Herzen folgen und sich nicht immer von seinem Verstand leiten lassen. Ich fühle mich sicher in der Obhut Gottes, verankert mit der Mutter Erde und verbunden mit dem Universum. So lebe ich in Dankbarkeit und Demut für die Geschenke, die das Leben mir gibt, und arbeite daran, alles durch die Liebe leben zu lassen.

Leben, du kannst kommen, ich bin offen für dich.

Integrität ist mein Weg, dieser Weg wird nie zu Ende sein, da eine hundertprozentige Integrität im Hier und Jetzt auf der Erde nicht möglich ist. So gehe ich meinen Lebensweg mit der Aufgabe, so viel Integrität wie nötig und möglich zu leben.

Heike

Jürgen

*»… Sich selbst und andere
nicht mehr zu belügen …«*

Integrität bedeutet für mich: sich selbst und andere nicht mehr zu belügen, und dieses jeden Tag und in jeder Hinsicht und in jeder Form zu leben.

Hier macht Übung den Meister!

Jürgen

Katrin

> *»… Wie die Zelle konnte ich eine Tensegrity entwickeln, den spannenden Prozess des sich entwickelnden Lebens in mir spüren …«*

Es gibt in unserer Sprache immer mehr Begriffe, die für viele Menschen zu leeren Worthülsen degenerieren, wie Dankbarkeit oder Demut. Ich trage immer einen kleinen Stein bei mir, den ich geschenkt bekommen habe – meinen Dankbarkeitsstein. Jedes Mal, wenn ich ihn berühre, halte ich kurz inne, um mich für etwas oder bei jemandem zu bedanken. Seit dem Wochenende merke ich, dass auf diesem Stein ein zweites Feld entstanden ist. Jedes Mal, wenn ich den Stein nun berühre, fangen mein Denken und mein Fühlen an, sich mit der Integrität zu beschäftigen. Integrität als Treue zu mir selbst. Danke schon einmal dafür.

Ich bin Körpertherapeutin, die Ganzheit des Menschen ist für mich das Ziel einer jeden Therapie. Daher fange ich bei der grundlegenden Einheit unseres Körpers an. Der Zelle.

Die Zelle lebt es uns vor – das Zytoskelett verhält sich wie eine »Tensegrity«-Struktur (tension = Zugspannung + integrity = Ganzheit, Zusammenhalt). Diese Tensegrity bewirkt den Zusammenhalt der Zelle. Mit Tensegrity lässt sich erklären, dass Stöße absorbiert werden können, ohne den Körper zu schädigen. Denn durch die lebende

Matrix mit ihren Tensegrity-Eigenschaften kann die mechanische Energie einfach von der Stelle des Aufpralls abfließen. Je flexibler das Netzwerk ist und je ausgewogener das Kräfteverhältnis ist, desto leichter werden Stöße absorbiert und zu Information statt Schädigung umgewandelt.

So ist die Integrität wichtiger Bestandteil allen gesunden Lebens – eigene Integrität zu fördern, ist ein so erfüllender, heilender Prozess. Wir (Regina und ich) leben seit dem 09.09.09 unseren Lebenstraum und ich bin jeden Tag so dankbar, dass es möglich ist, diesen Traum an jedem Tag zur Wirklichkeit werden zu lassen. Nachdem ich 27 Jahre lang Physiotherapeutinnen und Physiotherapeuten ausgebildet, die Physiotherapieschule in Bad Bevensen geleitet und so die Veränderung in unserem Gesundheitswesen am eigenen Leib gespürt habe – in den letzten Jahren meines Dortseins konnte ich mich immer weniger mit diesem System identifizieren –, war der Schritt zur eigenen Praxis nur folgerichtig. Und ich konnte ihn gehen. Das Feld schickte alles, was nötig war – ein wunderschönes Haus für die Praxis, einen festen Glauben, dass unsere Vision sich manifestieren kann, wunderbare Menschen, die zu uns kommen, um behandelt zu werden – einfach alles! So wächst unsere Idee beständig, sie lebt und atmet.

Wie die Zelle konnte ich eine Tensegrity entwickeln, den spannenden Prozess des sich entwickelnden Lebens in mir spüren. Mein Lebensfluss wird breiter und breiter …

Integrität ist Treue zu mir selbst.

Katrin Gräfe

ERSTARRUNG

Immer wenn es besonders schön ist im Leben, möchten wir es festhalten, bewahren und später wieder hervorrufen.
Festhalten, was schön ist, festhalten, was nicht schön ist, denn es könnte ja noch schlimmer kommen oder wir müssten sogar das Selbstmitleid aufgeben. Schlechte Erlebnisse führen in uns innerlich zu Erstarrung und werden damit Eingefrorenes unserer Erinnerung.
Alles Feste, alles Erstarrte steht dem Leben entgegen, verhindert Bewegung, Veränderung, Beschenktwerden.

Panta rhei

Alles bewegt sich fort und nichts bleibt, sagte Heraklit vor langer und so naher Zeit.

Beladen haben wir uns mit Eigenem und Fremden, nur um geliebt zu werden.
Festhalten wollen wir, immer wieder einmal Errungenes festhalten.
Verhinderung ist die Folge dessen, Verhindern von Beschenktwerden mit Neuem.
Verfestigung des Durchlebten-Vertrauten und doch Beendeten verstopft.
Verstopftes verpfropft unseren Lebensweg, unseren Seelenweg.
Verdunklung ist die Folge dessen, Dunkelheit, die Dunkles einlädt.

Verängstigt verkriechen wir uns in uns selbst und verpassen Leben und verraten.
Alt werden wir so, zu früh, viel zu früh, durch den Verrat an unserem Herzen.

So kann Leben nicht gemeint gewesen sein.
Was für eine Verschwendung von Schönheit.
Alles fließt und nichts bleibt; es gibt nur ein ewiges Werden und Wandeln, sagte Heraklit.

Ich bin mit einem Koffer vor einigen Monaten in die Welt gezogen. Vorher hatte ich alles verschenkt, was nicht in den Koffer passte. Und habe dabei festgestellt, wie wenig ich wirklich benötige im Äußeren.

Wir halten fest am Materiellen, an Menschen, Situationen, Regeln, Ängsten, positiven und negativen Erfahrungen … und verlieren dabei unsere Leichtigkeit, den Fluss im Leben, unsere innere Jugend und unser Leuchten.
Deswegen und um Leben als das erfahren zu können, was es sein kann: Löse Erstarrtes auf. Alles, was Form hatte, soll wieder formlos werden. Jeder Raum soll zur Bewegung werden. Jedes Endgültige zum Beginn. Nichts hat mehr Bestand außer dem Fluss, der Veränderung, der Überraschung.

Die Lösung eines Pfropfes des Vergangenen ist die Lösung. Abgeschlossenes, Zu-Ende-Gelebtes und Nicht-Losgelassenes bringt das Fließen zum Erliegen, verfestigt sich, nimmt das Licht, lädt Negatives ein, denn es ist an sich negativ. Es macht Druck, Angst, nimmt Freiheit, lässt Muster leben und Leben verpassen.

Dein Uwe Albrecht

Andrea

»… Die energetische Klarheit ist Kerngedanke …«

Die Integrität eines Systems hat mit der Präsenz aller Faktoren zu tun, die dafür verantwortlich sind, dass das System als was Ganzes, Rundes, Vollkommenes, als energetisch positiv potenzierte Einheit funktioniert.

Diesen Zustand erfährt nicht jedes System. Menschen sind im System inbegriffen, und diejenigen, die das nicht erfahren, zeigen Defizite auf, mit deren Präsenz nur fragmentierte Lebens- und Handlungsweisen möglich sind. Ein fragmentiertes Leben zu führen heißt aber auch, sich über das bestehende und das mögliche Potenzial seines Lebens nicht im Klaren zu sein, oder des Muts und des Vertrauens zu entbehren, die man zur Durchführung benötigt.

Harmonisch zu existieren und zu handeln bringt wahrnehmbare Effekte und Ergebnisse, die vom Fluss und der Inspiration bestimmt sind. Für den Fluss in einem System sind Liebe, Akzeptanz, Ehrlichkeit und Authentizität notwendig, und das System wird als Ganzes von Bedarf und Notwendigkeit geführt. Die Reinheit der Absicht bestimmt jedes Handeln. Erst die Neutralität der Absicht ermöglicht es, dass das Handeln in ein höheres energetisches Feld versetzt wird. Das System trägt eine Verantwortung für das, durch das es wirkt.

Die energetische Klarheit ist Kerngedanke in jedem Problemfeld. Eine destruktive Komponente des Flow ist die negative Ladung, die immer gegenüber der Omnipräsenz der Liebe wirkt. Steuerfaktor dieser Ladungen sind die eingegangenen oder übernommenen Kompromisse, welche energetisch das Flow diminuieren und dessen Auswirkung nicht generieren. Die Omnipräsenz der Liebe in jedem lebendigen System manifestiert sich als onthologische Voraussetzung im Raum. Etwas mit Liebe wahrnehmen, akzeptieren und durchsetzen schafft eine Breite in jedem Raum, wodurch gesunde und heilend wirkende Prozesse einsetzen, die die Interaktivität beschleunigen auf Basis generierter Inspirationen.

Die omnipräsente Liebe ist die onthologische Schutzfolie, um Leben und dessen Aufgabe mit bewusster Leichtigkeit auf der Erde durchführen zu können. Zugleich wirkt sie auch wie ein magisches Mittel, wodurch Sachen neu potenziert werden können. Es existiert schon auf intrapersonaler Ebene. Und die Aufgabe jedes lebendigen Systems ist es, Liebe auf interpersonaler Ebene einsetzen beziehungsweise dauernd erleben und wirken lassen zu können. Wenn pure Liebe da ist, das dehnt sich so aus, dass kein Platz mehr für was Negatives bleibt. Nur auf diese Weise wird sich das Leben auf ein anderes Erfahrungsniveau versetzen …

Selber versuche ich, es zu verwirklichen und zu erleben, mich dadurch neu zu entfalten.

Andrea Molnar

Kerstin

*»… Ich denke, dass man Integrität fühlt,
und das beginnt bereits im Kleinen –
mit einem kleinen bisschen Ehrlichkeit …«*

Ich bin der Überzeugung, dass man Integrität oder den Homo integer nicht durch einfaches Erklären verstehen kann – also mit allen Sinnen. Ich habe den *inner**wise**-*Intensivkurs vor kurzem besucht und wir haben auch über den Homo integer gesprochen, ich habe auch gedacht, das alles verstanden zu haben. Aber wirken wird es nur, wenn ich danach lebe – dann fließt es und es kommt alles von selbst und endlich kann ich es spüren (mit allen Sinnen) und es ergibt alles einen Sinn.

Ich bin 1977 geboren und habe bis zum Intensivkurs im Oktober 2013 Integrität, wenn überhaupt, nur theoretisch erklären können. Ich fand den Unterschied zwischen Homo sapiens und Homo integer sehr spannend und interessant und habe auch gedacht: Jawohl, das geht in die richtige Richtung – aber wie? Wie soll das der Einzelne umsetzen? Wie soll ich das umsetzen? Wie ist der Homo integer in unserer Gesellschaft überhaupt integrierbar und lebbar? Ja, ich bin eine Person, die alles verstehen und für alle denken muss … Das Ganze hatte aber im Oktober ein Ende und ich erlebte eine Wende.

Ich fing im Kleinen an, was für mich eigentlich ein großes Stück ist, bei meiner elterlichen Familie. Ich bin nicht länger die einsichtige Tochter, die diplomatisch (und verlogen) ständig die Streitereien innerhalb der Familie schlichtet. Ich sage nicht länger: »Meine Mutter wird schon recht haben.« Ich passe mich nicht länger an. Ich muss auch nicht verstehen, warum andere so handeln, wie sie handeln. Du hast recht: »Verständnis ist nicht ehrlich und Diplomatie ist eine Lüge.« Deine Worte rührten mich, als ich sie zum ersten Mal gelesen hatte. Jetzt weiß ich auch, warum!

Ich bin dankbar für all die Erfahrungen, die ich mit meiner Familie hatte machen dürfen, all die Erfahrungen, die ich in meinem bisherigen Leben hatte machen dürfen. Ohne sie wäre ich noch nicht dort, wo ich jetzt bin! Ich bin aber am meisten dafür dankbar, mich jetzt ändern zu dürfen. Ich bin zum ersten Mal ehrlich (das hört sich jetzt vielleicht verrückt an). Ich habe ja so nie wirklich »gelogen«, ich habe immer die »Wahrheit« gesagt – bin ja zu einem ehrlichen Menschen erzogen worden –, ich war aber auch sehr anpassungsfähig und wusste immer sehr genau, was meinem Gegenüber in der jeweiligen Situation wohl gerade am besten gefallen würde (vor allem meiner Mutter). Und danach habe ich auch gelebt. Da bekomme ich ja jetzt beim Schreiben noch Gänsehaut – dass ich das wirklich so lange so fertiggebracht habe, jedem alles recht zu machen. Und erst jetzt, ja, jetzt im Oktober 2013, war ich zum ersten Mal ehrlich. Ich habe völlig wertungsfrei und ohne Schuldgefühle gesagt, was ich mir denke – über so viele Dinge: über meine Gefühle, über meine ehrlichen Gefühle. Ich hatte immer gedacht, dass alles passt. Ja, es hat gepasst, weil jeder andere zufrieden war, aber war ich es?

Jetzt bin ich zufrieden – zwar noch etwas traurig, weil alles noch seine Zeit braucht und sehr frisch ist, aber ich weiß, dass alles in die richtige Richtung geht. Ich habe auch keine Angst mehr davor, dass ich vielleicht zu meiner Familie keinen Kontakt mehr haben könnte. Angst lähmt und hat eigentlich alle Entwicklungen nur weiter in die Länge gezogen. Wenn ich ehrlich zu mir selbst bin, wusste ich um meinen speziellen Platz in der Familie schon lange. So war ich für Dinge verantwortlich, die mich nichts angehen. Und ja, ich habe es zugelassen – aus Angst, aus Diplomatie, aus Verständnis den anderen gegenüber –, und heute sage ich nein!

Ich habe durch dieses bisschen Ehrlichkeit zu mir selbst und zu meinen Gefühlen, zu meinem Inneren gefunden. Ich weiß jetzt (manchmal zumindest), was es heißt, ohne Kompromisse zu sein, und was für ein schönes Gefühl es sein kann, nicht nach den alten Regeln der Familie zu leben, sondern nur auf sich zu hören! Ich spüre, dass sich durch dieses bisschen Ehrlichkeit so vieles in meinem privaten, sozialen und beruflichen Umfeld ändert und in all dem, was vorher so aussichtslos erschienen sein mag. Und dass sich plötzlich ganz neue Türen öffnen. Vielleicht, weil ich mich auch zum ersten Mal selbst etwas geöffnet habe – die Tür zu mir selbst –, um mich selbst kennenzulernen.

Genau aus diesem Grund bin ich davon überzeugt, Integrität gefühlt zu haben. Ich schreibe absichtlich »gefühlt« und habe am Beginn meines Beitrags »verstanden« geschrieben – ich finde nämlich, dass man Integrität nicht verstehen kann. Das wäre zu theoretisch (so wie es für mich zu Beginn war). Ich denke, dass man Integrität fühlt, und das beginnt bereits im Kleinen – mit einem kleinen bisschen Ehrlichkeit!

Ich bin jetzt auch überzeugt, dass Integrität selbst in unserer Gesellschaft lebbar ist. Aber ich denke, dass es ein Prozess ist, wie vieles im Leben. Es braucht Zeit. Aber es braucht ja im Grunde nur jeder für sich – und vielleicht jede Woche einer mehr – integer zu werden.

Kerstin

Kurt

»… Es fühlt sich herrlich an …«

Integrität ist für mich authentisch gelebtes Leben. Integrität ist ein Weg. Integrität musste ich lernen. Es war manchmal schmerzhaft, aber es lohnte sich, dranzubleiben. Ich durfte lernen, wieder ich selbst zu sein, innen wie außen. Früher hatte ich Angst, mein wahres Ich zu zeigen, aus Furcht, abgewiesen oder belächelt zu werden. So führte ich für viele Jahre ein Doppelleben. Was für eine Energieverschwendung! Nun gebe ich mich Schritt für Schritt an mich selber zurück. Ich nehme mir meinen Raum. Ich stehe zu mir. Unabhängig davon, was die anderen von mir denken. Einfach weil ich es liebe, so zu sein, wie ich bin.

Integrität bedeutet für mich auch, authentisch zu sein im Denken, Reden und Handeln. Für mich als Therapeut ist es wichtig, zu leben, was ich predige.
Deshalb habe ich begonnen zu leben … und es fühlt sich herrlich an.
Mit dem Rauchen habe ich aufgehört – keine Kompromisse mehr! – … und es fühlt sich herrlich an.
Den stressigen, energieraubenden Job habe ich gekündigt – keine Kompromisse mehr! – … und es fühlt sich herrlich an.
Ich vertraue dem Leben. Ich nehme mein Leben selber in die Hand und werde zum Schöpfer meiner eigenen Realität. Wunderbar!

Ich ernähre mich gesund, kein Weizen, kein Alkohol, kein Kaffee und kein Fleisch mehr – keine Kompromisse mehr! – … und es fühlt sich herrlich an.

Ich entsorge all den verrottenden Müll aus meinem Leben. Und mein Geist ist klar, wach und präsent! Meine Seele ist frei und schön. Mein Körper fühlt sich sauber und energiegeladen an. Ich gönne mir Zeit für die Stille und genieße die Herzensruhe. Meine Arbeit macht mir Spaß, ich bin kreativ und voller Lebensfreude! Der Klang der Trommeln begleitet meinen Tanz durchs Leben. Ich bin befreit von meinen Süchten und Abhängigkeiten und genieße den freien Fluss meiner Energien.

Innerwise hat mir die Augen geöffnet. Schluss mit dem Opferdasein und anfangen mit der Eigenverantwortung!

Wie gesagt, es ist ein Weg. Ich muss nicht perfekt sein. Ich darf auch Fehler machen. Und ich darf sie auch zeigen und dankbar darüber sein. Denn so werden sie zu Meilensteinen meiner Entwicklung.

Ja, ich lebe – endlich – wieder!

Kurt Meier

Brigitte

*»… Es fühlt sich an wie fließen,
wie geschehen lassen …«*

Ich spüre in mich hinein und schreibe dir, wie sich Integrität für mich anfühlt. Wann ich sie lebe und wann ich sie nicht lebe.

Integrität bedeutet für mich aus dem Herzen leben, mit dem Herzen sehen, hören und sprechen. Es bedeutet, dass ich dem Ruf meiner inneren Sehnsucht folge und im Einklang bin mit mir und meinem Lebensplan. Dass ich klar mit meiner reinen inneren Quelle verbunden bin und dieses voll und ganz spüren kann. Und damit auch im Einklang bin mit meinem Umfeld – wie immer dieses auch aussehen mag. Aus dem Herzen heraus zu leben, aus und in der Liebe zu leben, ist für mich essenziell, weil ich fühle, dass ich nur mit meinem Herzen in die vollkommene Wahrheit und Wirklichkeit gelangen kann und so die Zusammenhänge allen Lebens und Seins auch wahrhaft verstehen kann.

Integrität fühlt sich für mich innen in mir ganz, rein und vollkommen an. Alles ist stimmig. In der Integrität fühle ich keine Trennung. Das kann in schönen Situationen sein, aber auch in sehr herausfordernden. Es fühlt sich an wie fließen, wie geschehen lassen. Und selbst Herausforderungen fühlen sich nicht schlimm an, der Fluss fließt trotzdem wunderschön in seinem eigenen Rhythmus, in seinem eigenen Flussbett und nimmt das wahr, was sich dort befindet, ohne sich von seinem Fließen abhalten zu lassen. Im vollen Vertrauen, dass alles gut und richtig ist. Integrität bedeutet für mich auch, die eigene Verantwortung für alles, was sich in meinem Fluss des Lebens befindet, voll zu übernehmen. Zu mir und meinem Leben, zu meinen Werten treu zu stehen und dies auch ehrlich zu kommunizieren. Und mich dabei glücklich, liebend, freudig zu fühlen – nicht nur in den einfachen Situationen im Leben, sondern auch dann, wenn dies ein Nein bedeutet. Immer wieder nach innen lauschen, was sich in meinem Leben noch entwickeln, entfalten will, und es dann auch umsetzen.

Wichtig für mich ist, dass ich meine Gedanken und Handlungen am Höchsten Wohl ausrichte – meinem Höchsten Wohl und dem Höchsten Wohl von allem. Das bedeutet für mich auch ein »Mich-Hingeben an eine höhere Wahrheit«, an die innere Weisheit und die grenzenlose Harmonie und Liebe, die in allem enthalten ist. Es ist wunderschön, mich so führen zu lassen, es erfüllt mich mit Freude, Dankbarkeit und Liebe und einer solchen Weite. Daher beinhalten meine kinesiologischen Fragen auch immer die Frage nach diesem Höchsten Wohl. Und ob es in diesem Sinn erlaubt ist, etwas zu tun. Denn so lasse ich die Begrenzungen des Verstandes unbeachtet und widme mich ganz dem, was der höchsten Wahrheit entspricht, dem Höchsten Wohl, der grenzenlosen Liebe. Und wenn aus dieser Haltung heraus Antworten kommen, dann vertraue ich diesen und richte mich auch danach und setze sie um. Und lasse dem Verstand, der aus anderen Bestrebungen heraus was anderes will, nicht die Führung.

Und ich weiß sofort, wenn ich aus dieser inneren wunderschön leichten und glücklichen, alles verzeihenden, liebenden Haltung rausfliege. Es gibt Situationen, da ist es leicht, wieder zurück zu mir zu finden, wenn ich rausgeflogen bin. Doch ich kenne auch die schwierigeren Herausforderungen, in denen es nicht so leicht ist. Meine Güte, es gab Situationen in meinem Leben, in denen es mich so arg erwischt hatte, dass ich nicht mehr ich war, und in denen meine Freude weg war, meine Leichtigkeit, mein Lebensmut, mein Leben. Das ist ein Gefühl, als ob alles plötzlich wie weggebrochen ist, ein Gefühl der Angst, der Schwere, der Verzweiflung, des Wegrennenwollens. Ich dachte daran, aufzugeben. Doch, wie alles in meinem Leben, auch diese Erfahrungen waren gut und richtig und führten mich zu mehr Verständnis und mehr Tiefe.

Auch das verstehe ich unter Integrität. Wenn ich einmal rausfliege, es zu erkennen, sofort den Weg zurück zu suchen und diesen Weg dann auch durch meine innere klare Ausrichtung zu finden. Mich klar und verbindlich zu bekennen zu meinen reinen Werten und ein klares Nein zu sagen zu allem Dunklen, allem, was nicht der Liebe entspricht. Und gerade die allerschlimmsten Zeiten in meinem Leben haben mich immer in eine derartige Tiefe und Klarheit gebracht, wie ich sie vorher nicht hatte. So bedeutet Integrität für mich auch Verbundensein … tiefes Verbundensein mit meiner wahren Essenz, mit dem, was mich wirklich trägt und nährt. Es bedeutet für mich auch Wertschätzung dessen, was war und ist in meinem Leben, und die Dankbarkeit dafür. Diese innere Haltung kann ich beschreiben mit »Danke für alles« und damit ist unendliche Liebe verbunden. Stück für Stück geht es auf dem Weg voran und es wird immer besser.

In diesem Sinn bedeutet Integrität für mich auch das Vertrauen, dass alles gut und richtig ist, wie es in meinem Leben kommt und wie es fließt, auch wenn es einmal schwieriger ist. Weil ich durch meine innere Ausrichtung ganz bestimmt den Weg zurück in die Liebe finde, egal was passiert, und dabei jede Menge lerne. Und damit wachse. Und immer weiter ganz werde, heil werde und immer besser mit dem Herzen verstehe. Denn den Weg in die Integrität zu finden geht für mich nur mit dem Herzen, mit der Liebe, mit der Konzentration auf das, was vollkommen rein, licht und liebevoll ist. Ungeachtet aller Dunkelheit, die vielleicht irgendwo zu sein scheint. Meine innere Ausrichtung zählt und trägt mich, meine innere Liebe und mein inneres Vertrauen in das, was alles trägt. In dem Besinnen auf meine reine Quelle – egal wie dunkel es im Außen zu sein scheint – mich mit der Quelle allen Seins verbinden.

Ich weiß, dass ich noch nicht in allen Bereichen immer hundert Prozent Integrität lebe und dass das ein Weg ist. Aber ich weiß auch, wo der Weg in die volle Integrität entlangführt. Und ich folge genau diesem Weg. Und wenn ich von ihm abkomme, finde ich immer wieder zurück. Und ich freue mich total, dass du Integrität zum Thema machst und so Menschen zusammenkommen, die das gleiche Ziel haben. Denn so wachsen wir alle gemeinsam schneller in die wunderbare Vision von Hundert-Prozent Integrität-Leben hinein.

Brigitte Jahnke

Anita

> *»… Integrität ist für mich ein Zustand, den ich herstellen möchte, um die Welt ein ganz klein wenig besser zu gestalten …«*

Als erster Begriff kommt mir »allumfassend« in den Sinn. Ich schreibe ihn einmal so: All umfassend.

Wenn ich das All umfasse, werde ich eins mit dem All. Das heißt, ich bin das All. Kleiner ausgedrückt, ein winziges Pünktchen innerhalb des Alls. Doch groß genug, um mitzuspielen. Wenn das so ist, dann bin ich alles, was ist. Jedoch hat alles auch zwei Seiten, also zwei Pole. Solange wir auf Erden sind, lässt sich das nicht vermeiden, damit müssen wir uns abfinden. Die Erleuchtung gibt es leider nicht auf Rezept oder im Schnellverfahren.

Wie kann ich das umsetzen?
Für mich bedeutet es, in diesem »All-Umfassenden« möglichst dem Guten zu dienen, vom Negativen Abstand zu halten. Wer im Alltag mit Menschen zu tun hat und auch hier als kleines Rädchen im Getriebe funktioniert, meistert Großes, wenn er nicht ins Negative rutscht und ins Verurteilen kommt.

Wie heißt der berühmte Blick? Der Kugelblick, den ich stets neben mir stehen habe wie ein großes Stoppschild, das mir sagt: Stopp! Aufpassen, zurückgehen, alles von der Ferne aus in Neutralität betrachten. Immer beide Pole im Auge behalten. Ja, das scheint die Lösung zu sein, eigentlich einfach. Kurz gesagt: Anhalten, schauen und erst dann handeln. Die Neutralität lässt sich leichter wahren, wenn persönliche Emotionen und Gefühlte nicht so sehr im Spiel sind. Bei der eigenen Verwandtschaft ist die Herausforderung umso größer. Da kommt die Wahrheit ans Licht beim Thema »Kugelblick«.

Integrität ist für mich ein Zustand, den ich herstellen möchte, um die Welt ein ganz klein wenig besser zu gestalten. Der Kreativität sind hierbei keine Grenzen gesetzt. Bewusst leben und essen, das Miteinander von Mensch, Tier und Pflanzen im Positiven gestalten. Alles, was uns die Erde gibt, in Dankbarkeit annehmen und ihr wieder Gutes zurückgeben.

Dankbarkeit ist ein Weg zu mehr Integrität.
Segnen ebenso.
Ein gutes Gefühl im Herzen haben und es der Welt zeigen, indem ich es lebe.
So sein dürfen, wie man ist, ohne zu fragen, ob ich deswegen belächelt werde.
An Gott denken und sich freuen, dass er sich mehr und mehr ins eigene Herz begeben möchte.

Somit schließt sich der Kreis wieder.

All-Eins-Sein

Anita Krinowsky

Petra

»... Ich möchte nicht mehr manipulieren ...«

Ich möchte nicht mehr manipulieren, indem ich Probleme, die ich im Moment in meinem Leben habe, auf andere, unbeteiligte Personen projiziere, sondern ich möchte lernen, die Themen in meinem Leben anzugehen, zu klären und zu verändern. Ich möchte nicht mehr, dass mir meine Kinder wochenlang Themen spiegeln müssen, sondern dass sie diese Energie in Zukunft für sich selbst und ihren Weg zur Verfügung haben. Ich möchte auch nicht mehr von anderen Personen zum Spielball ihrer Themen werden und hoffe, klarer zu erkennen, was meine Themen sind und wann mich andere mit ihren Themen beeinflussen.

Ich erhoffe mir durch diese Prozesse mehr innere Klarheit.

Ich möchte mich in meinem Leben mehr nach Bedarf und Notwendigkeit ausrichten und die nötigen Entscheidungen angehen, um dies in meinem Leben auch tatsächlich zu integrieren und zu leben. Ich hoffe und wünsche mir, dass ich meine Komfort- und Aussitzzone leichter verlassen kann, auf der ich mich nur allzu gerne immer wieder ausruhe und Entscheidungen für mich fällen lasse, anstatt diese selber in Angriff zu nehmen. Entscheidungen zu fällen mit all der Verantwortung, die dahintersteht, ist nicht gerade eine meiner leichtesten Übungen.

In der Theorie erhoffe ich mir, dass ich mir Schritt für Schritt ein besseres Leben mit mehr Integrität aufbauen kann. Dabei sind für mich die Themen Liebe und Demut, für mich und für meine Mitmenschen, sehr wichtig.

Petra

Marion

*»... Im Gespräch liegt meine Integrität,
wie ich sie lebe ...«*

»Sein Name ist Integrität.« Ich habe den Satz gelesen und sofort war in mir das Gefühl »Ehrlichkeit« – bis auf die Haut nackt. Wenn ich Integrität lebe, kann ich nur ehrlich sein, und wenn ich ehrlich bin, bin ich authentisch. Und nur wenn ich authentisch und echt bin, bin ich ich! Alles andere wäre und ist Schauspielerei.

Wenn wir *innerwise* leben. Für mich ist es ein Leben mit *innerwise*, denn wie oft am Tag testen wir eben mal, ich für mich, integriert in mein Leben. Mein Leben ist nur zu einem Teil *innerwise*-Anwenderin, zum anderen auch Geschäftsfrau, Bio-Bäuerin, Mutter, Ehefrau, Chefin, Freundin und noch vieles mehr. Aber gerade dort begleitet mich *innerwise* immer, in jedem Gespräch. Und davon gibt es sehr, sehr viele täglich, mit der Familie, mit Mitarbeitern, mit Kunden, Geschäftspartnern und Freunden und oft auch mit Fremden.
Plötzlich spricht man über Gefühle, Gedanken und darüber, was sie für uns bedeuten. Man spürt sofort, wo steht die Person mir gegenüber, wie integer ist sie oder er, wie viel Angst ist in ihr, in ihm. Es sind die kleinen Worte, die aufgenommen werden, die bewusst machen. Oh, ja! Mensch, du hast recht, mir tut schon lange der Fuß, der Arm oder der Rücken weh – könnte das mit meinem Leben zusammenhängen? Ich hab Blockaden, wieso bin ich

nicht schon selber darauf gekommen? Bewusstmachung ist die halbe Heilung!

Im Gespräch liegt meine Integrität, wie ich sie lebe, und das funktioniert nur, wenn ich authentisch, ehrlich und echt bin. Manchmal werde ich regelrecht geschubst, damit ich sie lebe.

Wir sind mit *innerwise* geradezu in rasanten Schritten auf einer tieferen Ebene angekommen, dort, wo wir *innerwise*, unsere innere Weisheit, leben. Und dort ist dann auch unsere Integrität, die aus der Quelle kommt.

Marion

Angela

»... Tag für Tag arbeite ich in Hingabe an dem großen Seelenplan, daran, mein Leben zu klären, mein Energiefeld im Einklang zu halten, mir selbst näher zu kommen ...«

Integrität bedeutet für mich, mich selbst vollkommen zu leben. Das heißt, Verantwortung für mich und mein Leben zu übernehmen. Ungeklärte Ereignisse, Ladungen meiner Vergangenheit, die sich noch in meinem Energiefeld befinden, zu klären. Meinen reinen Seelenklang aufrechtzuerhalten. Im Hier und Jetzt achtsam meiner Seele zu lauschen, mich von ihr führen zu lassen, mich ihren Aufgaben zu stellen, in dem Vertrauen, dass alles, was zur Lösung benötigt wird, in dem notwendigen Maße vorhanden ist.

Auf diesem Weg befinde ich mich seit der Begegnung mit *innerwise* im Jahr 2011. Tag für Tag arbeite ich in Hingabe an dem großen Seelenplan, daran, mein Leben zu klären, mein Energiefeld im Einklang zu halten, mir selbst immer näher zu kommen und meine Sinne zu schärfen. Wie mit den Augen eines Kindes lerne ich neue beeindruckende Zusammenhänge des Lebens kennen. Der Forscher ist in mir geweckt und will Ursache und Wirkung, will das Prinzip Leben im großen Ganzen verstehen. Durch meine gestiegene Wachsamkeit, wiederentdeckte Sensibilität und die Werkzeuge von *innerwise* erkenne ich täglich Menschen und Situationen, die nicht ehrlich und authentisch sind, wodurch sicht- und fühlbar wird, dass der Energiefluss blockiert und neue Ladungen entstehen.

Insbesondere ist das für mich in der Kommunikation zu beobachten. Dabei sind es nicht nur ausgesprochene Unwahrheiten, sondern gerade auch Gedachtes, was nicht kommuniziert wird, aber trotzdem wahrnehmbar ist und eine unnötige Kaskade an Folgeereignissen mit sich bringt. Im Alltag merke ich, dass es mir bei manchen Personen noch nicht gänzlich möglich ist, bestimmte Themen offen anzusprechen.

Bei einigen meiner Patienten beobachte ich, dass sie nach wie vor nach Mitteln suchen, die sie heil machen, ohne das, was ihnen schadet, ändern zu wollen. Die Bereitschaft, in die Eigenverantwortung für ihr Leben zu gehen und zunehmend integer zu werden, ist ihre größte Herausforderung. Für mich ist das der einzige Weg der Heilung. Frei von Manipulationen, Opferspielen, Lügen zu leben und dort, wo es nötig ist, Veränderungen vorzunehmen, um nur noch mein eigenes Seelenfeld – genährt von meiner eigenen reinen Quelle – vollkommen im Fluss zu leben.

Angela Benassi

Friderun

»… Jetzt habe ich das Gefühl, dass mir diese Lebensart niemand mehr nehmen kann …«

Habe gerade mal geschaut, woher das Wort Integrität kommt. Interessant, dass es hiervon keinen Plural gibt. Aber Integrität bedeutet auch: unverdorbener Zustand, Vollständigkeit und Fehlerfreiheit. Gegenbedeutungen sind Bescholtenheit und Versehrtheit.

Wenn ich auf mein Leben zurückblicke, entdecke ich, dass es ein Weg hin zur Integrität war. Ich fühlte mich früher überhaupt nicht vollständig, intakt oder unversehrt. Auch nicht, als ich mit zwanzig Jahren, nach dem Abitur, über Nacht nach München abhaute. Ich hatte das Gefühl, mich versteht niemand und wenn ich so weiterlebe, ende ich als vertrocknete alte Jungfer.

Dass es nicht so ist, erlebte ich in reiner Form eigentlich erst so ab meinem 65. Lebensjahr, heute bin ich 69. Jetzt habe ich das Gefühl, dass mir diese Lebensart niemand mehr nehmen kann. Mein Mann und ich unterstützen uns sogar gegenseitig darin, obwohl wir sehr verschieden sind.

Friderun Hillnhütter

ANGST

Fear is calling.
Die Angst ruft herbei.
Wenn du etwas mit Sicherheit erleben willst, habe einfach Angst davor. Angst ist eine der stärksten manifestierenden Kräfte, die wir haben. Habe Angst vor dem Unfall, und er wird eintreten. Habe Angst vor Krebs, und du wirst ihn bekommen. Habe Angst vor Armut, und sie wird kommen. Habe Angst davor, zu lieben, und du wirst bedingungslose Liebe nicht erfahren.
Alles nur eine Frage der Zeit.

Angst ist aber auch ein Machtinstrument.
Menschen ohne Angst lassen sich nicht mehr kontrollieren. Sie lernen keine sinnlosen Fakten mehr in der Schule, weil sie keine Angst mehr vor schlechten Noten oder Prüfungen haben. Sie erlernen keinen Beruf, den sie nicht lieben, weil sie keine Angst mehr vor den Erwartungen der Eltern haben oder davor, den Werten der Gesellschaft nicht zu entsprechen.
Sie lassen sich nicht hinter Mauern gefangen halten, in den Medien für dumm erklären, für Profit anderer instrumentalisieren. Sie sind frei und stark und entscheiden für sich selbst.
Sie bleiben in keiner Beziehung aus Angst vor den Konsequenzen der Enttäuschung, materieller Veränderung, der sogenannten Verantwortlichkeit gegenüber Kindern.

Gerade dann, wenn Kinder da sind, haben wir die Verantwortung ihnen gegenüber, ehrlich zu uns selbst zu sein und ihnen unsere Entscheidungen vorzuleben. Wegen der Kinder mit einem Partner zusammenzubleiben, wenn die Liebe es nicht mehr trägt, oder einen Job weiterzumachen, obwohl wir längst innerlich gekündigt haben, bedeutet, dass wir den Kindern die Verantwortung für unser Unglück geben. »Wegen der Kinder konnte ich mein Leben nicht ändern…« Das spüren die Kinder doch, fühlen sich schuldig dafür und benötigen dann später viele Jahre Therapie, um das auflösen zu können.

Also, wenn du schon nicht selbst die Kraft der Entscheidung hast, aus der Verantwortung für die Freiheit und Leichtigkeit deiner Kinder: Lass die Angst los und lebe dich. Zeige deinen Kindern, was Leben sein kann, und aus Liebe zu dir werden sie in ihrem eigenen Leben das auch leben.

Folge deiner Intuition, angstfrei, sie wird dich immer richtig führen.

Dein Uwe Albrecht

Christian

*» ... In diesem Raum der Freiheit haben
Kompromisse keinen Platz ... «*

Integrität, wie ich sie verstehe, beinhaltet die Reinheit in Geist und Körper, das Streben danach, wenn sie nicht ganz oder gar nicht vorhanden sind, um wieder zur Reinheit zu gelangen. Wer rein ist, ist klar wie ein Glas Wasser, dieser Mensch ist unbesudelt und frei von allen Makeln.

Integrität beinhaltet die Ganzheit von Körper und Geist, aber auch wiederum das Streben nach ihrer Wiederherstellung, wenn sie verletzt worden ist. Wichtig ist für mich die unbestechliche Ehrlichkeit als Merkmal des integren Menschen. Ehre und Ehrlichkeit gehören zusammen und bilden einen Raum absoluter geistiger Freiheit. Wenn nach dem Prinzip der Ehrlichkeit gelebt wird, so wird diese Freiheit auch körperlich spürbar in einer Leichtigkeit, sich zu bewegen – die Fesseln fallen, der Klotz am Bein löst sich auf. In diesem Raum der Freiheit haben Kompromisse keinen Platz.

Der integre Mensch geht keine Kompromisse ein, auch nicht die kleinsten. Integrität schließt Pragmatismus nicht von vornherein aus, aber der Spielraum ist kleiner, als manch einer vielleicht glaubt. Kompromisse sind der Tod der Ehrlichkeit. Die Vorstellung allein, dass nach diesem Ideal zu leben nicht immer möglich ist, verletzt die Integrität. Geheimnisse, Heimlichkeit und sogenanntes »Wissen Eingeweihter« haben im integren Menschen keinen Platz. Angehörige von Geheimgesellschaften sind per se nicht integer.

Der integre Mensch lässt sich nicht manipulieren und manipuliert selber nicht. Geschieht doch eine Manipulation, hat er die Aufgabe, diese vorbehaltlos zu beenden, um seine Freiheit zurückzuerlangen.

Der integre Mensch lässt sich nicht ausbeuten – auf keiner Ebene. Er existiert in erster Linie für sich, hegt und pflegt die Selbstliebe und lebt im vollen Bewusstsein seines Lebensplans.

Der integre Mensch hat Geduld und erzwingt nichts, erkauft sich keine Abkürzung, um etwas, nach dem er strebt, endlich erreichen zu können. Kürzlich behandelte ich jemanden, der sich in die Fänge eines Manipulators begeben hatte, um endlich seine seherischen Fähigkeiten besser ausbilden zu können. Er bezahlte dafür einen hohen Preis; er wurde in etwas eingeweiht, das nur über sein Unterbewusstes erkannt und geoutet werden konnte.

Der integre Mensch bleibt zuversichtlich und fühlt sich als Glückskind.

Der integre Mensch kann loslassen.

Paare und Familien sind als Ganzes nur integer, solange alle Mitglieder es auch sind.

Menschliche Gemeinwesen sind dort ohne Integrität, wo das ihnen innewohnende zentrale, also vorherrschende

Feld dem Prinzip von Bedarf und Notwendigkeit entgegengesetzt ist.

Produkte, Projekte und Systeme (Gesellschaften, Firmen etc.) haben Erfolg, wenn sie unter integren Bedingungen geschaffen wurden beziehungsweise wirken dürfen. Dass Rüstungsmaterial sich in gewissen Kreisen gut verkauft, hat nichts mit Integrität, aber viel mit der starken Wirkungsweise nichtintegrer Felder zu tun (Geld, Macht, Manipulation, Angst etc.). Ein interessanter Fall ist der Ebay-Konzern, wo ich einige Jahre gearbeitet habe, bis ich mich von dem Laden abwandte. Bis etwa ins Jahr 2007 stand das Feld »Spaß« im Zentrum der Firma (damit wurde übrigens auch viel geworben). Danach setzte ein Wandel ein – ins Zentrum rückte das Feld »Geld«. Davon hatte ich damals natürlich keine Ahnung, ich merkte nur, dass es immer garstiger wurde, auf Ebay profitabel Geschäfte zu machen. Nun kann ich mich dabei selber an der Nase nehmen, weil genau der Profit damals das Topfeld meines eigenen Ladens war – also alles andere als eine integre Basis für einen Verkaufsladen.

Christian Wiedmer

Jan

»… Akteur und Gestalter bleiben wir selbst, in Eigenverantwortung. Dies bewusst annehmen und leben ist Integrität …«

Am Ende hängt es allein von mir und meiner Umsetzung ab, was in meinem Leben möglich ist und welche Unterstützung ich erhalte.

Sind die Werte, die moralischen Leitlinien rein, so können es auch die Handlungsweisen sein, die damit einhergehen. Ich habe zwei Jahre in einer Firma gearbeitet, die sich selber als »auf Werte aufbauend« darstellt. Auf dem Papier eine schöne Idee. Das Reinste, was ich dort nach zwei Jahren tun konnte, war, dieser Struktur meine Unterstützung zu entziehen, zu kündigen und einfach ganz brutal die Wahrheit auszusprechen. Ja, die Wahrheit hat eine unwahrscheinliche Macht und kann Dinge zum Einsturz bringen. Doch stürzen nur jene, die auf Unehrlichkeit aufbauen. Mein damaliger Chef wurde zwei Wochen nach meiner Kündigung entlassen. Die von mir gelebte Ehrlichkeit gegenüber der Firma war aber nur möglich, weil ich zuerst auf mich geachtet habe. Ich durfte kündigen, weil es für mich richtig war. Dann wurde ich gebeten, bei der Geschäftsleitung zu kündigen, anstatt im Personalbüro. Die Geschäftsleitung hat mich und meine Beweggründe wirklich angehört. Ich konnte aber nur gehört werden, weil ich für mich selber einstand und sonst für niemanden. Und doch habe ich einen Punkt nicht aussprechen können in diesem Moment. Nobody is perfect – wer will schon ein Niemand sein?

Einmal für die Werte eingestanden, schon kam die nächste Prüfung. Ist wirklich der Wille da, nichts an die eigenen Werte, an das eigene Leben, an die eigenen Überzeugungen kommen zu lassen? Wir werden laufend getestet, und hundert Prozent sind vielleicht unmöglich, aber sich das als Ziel zu setzen ist möglich. So wollte mein neuer Arbeitgeber, der Staat, verfassungsgemäß einen Eid von mir zur Königstreue, zum Gehorsam gegenüber der Verfassung und den Gesetzen. Ich habe mich diesem erst einmal verweigert. Man bot mir daraufhin an, hinter den Eid eine zusätzliche Formulierung einzubauen. Gesagt, getan: »Wenn es dem höchsten Wohle von allem und allen dient, dann schwöre ich …, ansonsten erachte ich dies für null und nichtig.« Ja, als Einkommensquelle ist meine Lehrerstelle das, was ich momentan machen darf, aber das schließt nicht mit ein, dass ich mich für den Staat prostituiere (und auch für niemanden sonst). Achtsamkeit und für sich selber einstehen – nur so kann Integrität mehr und mehr gelebt werden.

Akteur und Gestalter bleiben wir selbst, in Eigenverantwortung. Dies bewusst annehmen und leben ist Integrität. Gerade in dieser Woche erlebe ich es auf wundervolle Weise.
In langen Gesprächen mit einer Freundin stoßen wir auf unterschiedlichste Themen. Wir kennen uns noch nicht lange, doch gibt es zwischen uns eine Offenheit, ein Vertrauen, eine Liebe, eine Echtheit, die es ermöglichen, dem anderen zuzuhören und auf die gegenseitigen Themen hinzuweisen – ohne Schonung, aber mit Liebe und Empa-

thie. So wird eins nach dem anderen gelöst, nur weil wir hinschauen.

Authentizität ist, sich selber anzunehmen mit allem, was wir sind, dem Licht und dem Schatten, und ganz zu leben. Wir dürfen alles leben und müssen nichts in veraltete moralische Korsette zwängen. Unsere Schattenseiten zuzulassen erlaubt es, sie und ihr Warum zu verstehen. Ohne Licht gibt es keinen Schatten. Feiern wir uns und unser Leben, so wie wir sind.

Kürzlich schrieb ich jemandem: »Es ist immer alles da, was wir hier und jetzt brauchen.« Ein Satz, der aus meiner tiefsten Überzeugung zur Situation in diesem Moment kam. Ich wünsche mir für mein Leben, immer aus dieser Überzeugung heraus handeln zu können und zu dürfen. Denn es ist wahr. Im Einklang mit Bedarf und Notwendigkeit leben wird durch dieses Vertrauen erst möglich. Zu Beginn habe ich Bedarf und Notwendigkeit sehr auf die materielle Ebene bezogen und ich habe diese Tendenz immer noch. Doch ist es so viel mehr. In den oben erwähnten Gesprächen war es oft wichtig, den anderen einfach machen zu lassen, den Mund zu halten und nicht für ihn nachzutesten oder ihn auf den wunden Punkt zu stoßen. Jedes Wort, jede Handlung sollte im Vertrauen darauf gesprochen und getan werden, dass es jetzt wirklich angebracht ist. Wenn das Gegenüber alles hat, um die Situation zu lösen, brauche ich nicht auch noch meinen Senf dazugeben. In Stille und Liebe präsent zu sein, ist oft das größere Geschenk.

Bedarf und Notwendigkeit bedeutet nicht nur, weniger Dinge zu tun, nein, auch, manchmal die unangenehmen zu tun, die Ängste zu überwinden, das, wozu uns das Vertrauen fehlt, das, was gesellschaftlich inakzeptabel ist, aber trotzdem richtig. Die Notwendigkeit, das Leben zu feiern, besteht, aber wer in unserer Gesellschaft feiert das Leben jeden Tag?

Ich behaupte nicht von mir, das alles perfekt zu leben, denn allein schon die Anzahl Themen, die mich während des Schreibens bewegten, die ich gelöst, gesehen und verdrängt habe, spricht für sich. Aber Perfektion ist langweilig.

Jan Kubben

Susann

*»… Ich sage ehrlich, was ich denke und fühle.
Ganz egal, wie mein Gegenüber damit umgeht,
und egal, wer mein Gegenüber ist …«*

Mit zwanzig Jahren bin ich nach Würzburg gezogen. Das ist 370 Kilometer von meinem Zuhause weg. Neue Arbeit, neue Gegend und vor allem: ein anderer Dialekt, der mir manches Mal eine Hürde war. In den ersten zwei Jahren habe ich niemanden privat kennengelernt. Ich habe in der Zeit mehr Tiefs als Hochs erlebt. Innerhalb eines Jahres habe ich mich von 99 Prozent meiner Freunde aus der Heimat getrennt. Ich hätte niemals gedacht, dass ich das tue. Aber die Menschen zogen mir so wahnsinnig viel Energie ab, dass ich mich dazu entschlossen habe, lieber alleine weiterzugehen, als Energie zu verlieren.
Ich entferne mich von Menschen, die manipulieren, die nicht leben, was sie sagen, die nicht mit meiner Einstellung und Lebensweise zusammenpassen. Qualität statt Quantität. Ich besuche meine Eltern nicht mehr und habe den Kontakt sehr reduziert. Solange sie manipulieren, werde ich daran nichts ändern. Nach fünf Jahren lebe ich immer noch hier, weil mich das Leben bisher nicht woandershin geführt hat, weil sich vieles gefügt hat und es mir hier gutgeht.

Ich sage ehrlich, was ich denke und fühle. Ganz egal, wie mein Gegenüber damit umgeht, und egal, wer mein Gegenüber ist. Das ist nicht mein Thema. Ich möchte lernen, jenen Menschen, die sich wie Opfer benehmen oder jammern, ehrlich zu sagen, dass mir das Energie abzieht, dass sie selber an ihrer Situation etwas ändern müssen und dass nicht die anderen schuld sind. Denn es gibt keine Schuld. Das fällt mir nicht immer leicht.

Wenn Integrität bedeutet, dass ich meine Arbeit kündige, würde ich es machen. Ich würde aus meiner Wohnung ausziehen. Ich würde mein Auto verkaufen, worauf ich so lange gespart habe und so froh bin, es zu haben. Ich würde alles loslassen. Ich würde in ein anderes Land gehen. Wenn das mein Weg ist, dann gehe ich ihn.

Auch wenn ich nicht weiß, wie es weitergeht. Ich vertraue darauf, dass alles zur rechten Zeit zu mir kommt, denn genau das erlebe ich, jeden Tag mehr.

Susann Hering

Uta

»… Ich habe das Gefühl, diese Reise wird nie zu Ende sein, sie wird auch nicht immer leicht sein …«

Seit Monaten schon beschäftige ich mich »zufällig« mit Themen wie Authentizität, Kongruenz und Integrität. Ich spüre, dass ich in einer Lebensphase angekommen bin, in der ich mir Kompromisse immer weniger leisten will und kann. Ich bin jetzt 45, ich stehe also in der Mitte meines Lebens, halte einerseits Rückschau und ziehe Bilanz und frage mich andererseits, was noch kommen soll, vielleicht sogar muss, damit ich irgendwann sagen kann: »Ja, es war voll, bis an den Rand voll mit Sinn, mein Leben.«

Ich kann an Dingen, Beziehungen, Situationen, denen ich entwachsen bin, endgültig nicht mehr festhalten: eine große Zeit des Loslassens (ist nicht gerade meine Spezialität). Mein System zeigt mir ganz klar, dass manche Sachen einfach nicht mehr gehen. So geht es nicht mehr, dass eine alte Freundin regelmäßig ihren Schrott, ihr Leid, ihren Kummer bei mir ablädt und ich mich dann leer und mies fühle. Da ist das Geben-Nehmen-Konto seit vielen Jahren unausgeglichen. Vor dem letzten Telefonat hatte ich mir vorgenommen, ihr das zu sagen und diese Beziehung zu beenden. Dann hat sie mir wieder so leid getan und ich habe es nicht geschafft, offen zu kommunizieren. Eine halbe Stunde später hat mein Körper reagiert mit einem mächtigen Schnupfen (der hatte wirklich die Nase voll, ich verstehe es ja). Daraufhin habe ich ihr einen klaren Brief geschrieben, für mich diese Beziehung beendet und ihr Hilfe zur Selbsthilfe mitgeschickt: die kleine Heilapotheke. Jetzt fühlt es sich viel besser an.

Und dann gibt es da noch eine Freundin und einige andere Menschen, die mich treffen wollen und die ich einfach nicht mehr treffen mag. Warum? Ganz einfach, weil sie mir nicht guttun. Ich spüre jetzt immer nach, wie es mir nach einer Begegnung mit einem Menschen geht. Wenn eine Begegnung gelingt, dann fühl ich mich danach pudelwohl – auch wenn es mir vorher schon sehr gut ging, geht es mir danach noch ein bisschen besser. So sollte es sich für beide anfühlen, wenn es gelingt. Wenn es mir nach einer Begegnung schlechter geht als vorher, dann ist es Zeit, diese Beziehung zu beenden. Es ist so simpel und so klar und ich bemerke trotzdem, dass mir die Umsetzung noch nicht so leicht fällt.

Offenbar ist da immer noch ein Kinderanteil in mir aktiv, der bedingungslos geliebt werden will und anerkannt und wertgeschätzt – koste es, was es wolle. Jetzt bemerke ich, es ist mir nicht mehr so wichtig wie früher, dass alle mich mögen und nett finden. Ich halte es auch aus, wenn ich mit ehrlichen Aussagen Leute erst mal vor den Kopf stoße und sie mich in dem Moment gar nicht mögen.

So habe ich kürzlich zu einer Klientin gesagt, sie dürfe mich erst wieder anrufen wegen eines Termins, wenn sie bereit sei, zu lösen, statt zu jammern. Und andere wurden erst gar nicht Klienten, weil mir ihre Gegenwart so unangenehm war beim ersten Telefonat oder Treffen, dass ich sie gebeten habe, sich einen anderen Coach zu suchen. Auch das schaffe ich nicht immer, aber immer öfter.

Was noch? Ich tu nichts mehr, was ich nicht tun will. Das betrifft vor allem meine Familie, die mir sehr viel bedeutet und einen hohen Stellenwert in meinem Leben einnimmt. Deswegen ist es mir wichtig, viel Zeit mit meinem Mann und den Kindern zu verbringen. Und doch muss ich die goldene Mitte finden und nein sagen, wenn der Preis zu hoch ist.

Ich habe gelernt, dass sie mich bei manchen Unternehmungen eh nicht brauchen und sowieso ihren Spaß haben. Ich halte großen Rummel und riesige Menschenansammlungen nicht mehr so gut aus. Je mehr ich mich mit *innerwise* beschäftige, desto offener werde ich, desto mehr spüre ich, und wenn ich dann beim Stadtfest Hunderten Menschen ganz nahe komme, fühle ich mich unwohl, wie wenn mich diese vielen Energiefelder überfordern würden. Oder auch im Hochsommer im Strandbad – es geht nicht mehr, ist einfach zu viel wirre Energie. All das wahrnehmen, spüren und dann nicht mehr machen.

Manchmal fühle ich mich ein bisschen fremd in meinem Leben und frage mich, ob ich am richtigen Platz bin, ob ich da wirklich hergehöre, weil einiges, was ich im Außen sehe und erlebe, so anders ist als das, was ich wirklich brauche und ersehne. Wenn die anderen Trubel und Ablenkung suchen, suche ich die Einsamkeit und Stille. Wenn ich Austausch und Begegnung will, dann wirklich, ohne Schutz, mit ganz offenem Herzen. Auch damit sind so manche wieder überfordert. Wenn die anderen sich amüsieren, bin ich gelangweilt. Was andere fasziniert, kann ich überhaupt nicht nachvollziehen. Und wofür ich brenne, da gibt's manchmal verständnisloses Lächeln. Wer ist denn nun fremd in dieser Welt, ich oder die anderen?

Doch dann – Gott sei Dank – begegne ich immer wieder Menschen, die auf einer ähnlichen Welle dahingleiten, die ähnlich denken, ähnlich leben, mit denen ich eine gemeinsame Sprache spreche, und gleich fühle ich mich weniger fremd. Wie diese Welle heißt? Integrität vielleicht. Integre, authentische, ehrliche Menschen, die das, was sie denken, auch sagen und tun. Diese Menschen finde ich einfach unwiderstehlich. Und nicht wenige von ihnen wirken erfrischend anders und vielleicht auch ein bisschen fremd in dieser Welt.

Dann immer wieder kritisch hinterfragen: Lebst du das, wofür du da bist? Ich glaube schon. In meiner Coaching-Arbeit auf jeden Fall. Das fällt mir leicht und ich liebe es. Auch die Workshops und Trainings machen mir Freude und erfüllen mich, wobei ich hier genau darauf achten muss, für welche Themen ich wirklich noch brenne. Denn nur die lohnt es sich zu vermitteln. So habe ich für dieses Jahr rund zwei Drittel der geplanten Workshops wieder abgesagt, ganz einfach weil mich die Themen schon ein bisschen langweilen und mir nicht mehr sinnvoll genug erscheinen. Die Veranstalter waren erstaunlich verständnisvoll, als ich ihnen erklärte, dass ich einfach nicht mehr dafür brenne und neue Themen erst geboren werden müssen. Sie haben mich problemlos aus den Verträgen entlassen und mich gebeten, ich möge mich doch melden, wenn ich neue Themen anzubieten hätte. Und so habe ich plötzlich ein wenig »frei«. Ich werde mir mehr Zeit nehmen für die Einzelberatungen und für jemanden, der in den letzten Jahren zu kurz gekommen ist: mich selbst!

Wenn die Kinder klein sind, ist man jahrelang »Service-Center« und Bedürfnis-Erfüller, während man nach und nach vergisst, dass man ja irgendwann auch mal eigene Bedürfnisse hatte. Ganz zu schweigen davon, dass man Raum findet zur Erfüllung derselben. Für jeden Monat des Jahres habe ich mir nun einen »Uta-Tag« eingetragen, an dem die Kinder von jemand anderem betreut werden und ich ausschließlich einen Auftrag habe: »Erfülle dir deine ureigensten Bedürfnisse!« Und ich habe schon so viele Ideen!

Generell möchte ich einfach mein Leben lang dranbleiben am Lernen und Wachsen und Entwickeln. Das finde ich so wunderbar. Ich möchte mir selber treu bleiben, mich nicht verführen lassen von »fremden Meistern«, sondern tief darauf vertrauen, dass mein einziger wahrer Meister meine eigene innere Wahrheit ist. Also in Verbindung bleiben mit dem eigenen Herzen.

Dann natürlich: Ehrlich sein, also dasselbe zu denken, zu sagen und zu tun – auch das bedeutet für mich Integrität. Klingt so simpel, muss ich aber auch immer wieder reflektieren: Was ist einfach nur Gewohnheit, und was entspricht tatsächlich meinen eigenen Bedürfnissen und meiner eigenen inneren Wahrheit? Ich merke, das vermischt sich manchmal. Oder auch: Wann ist es mir zu anstrengend, mich auseinanderzusetzen? Wann gebe ich einfach um der vordergründigen Harmonie willen nach? Spannende Beobachtungen … Ich bin dabei, meinen eigenen Bedürfnissen höchste Priorität einzuräumen und sie vor Barmherzigkeit und Milde und Nächstenliebe zu stellen, das fühlt sich zum Teil noch nicht richtig an, das war ich nicht gewöhnt (da wirken noch uralte Glaubenssätze wie:

»Man darf nicht egoistisch sein!« und andere), und doch weiß ich, dass ich da auf dem richtigen Weg bin. Ich muss auf mich aufpassen, denn nur wenn es mir gutgeht, kann ich der Welt mein Bestes geben.

Es ist eine Reise, die ich gerade erst begonnen habe und die noch lange nicht zu Ende ist. Doch ich spüre, es hat sich etwas ganz klar in mir verändert, seit ich mich entschieden habe, diesen Weg der Integrität zu gehen. Ich habe das Gefühl, diese Reise wird nie zu Ende sein, sie wird auch nicht immer leicht sein. Tagtäglich werden neue Herausforderungen und Höhenflüge damit einhergehen, doch wer diesen Weg einmal beschritten hat, der kehrt nicht mehr um.

Uta Kenda

Petra Maria

»… Zu jeder Zeit aber spüre ich genau, was sich in meinem Körper verändert …«

Die Themen Integrität und Ethik beschäftigen mich schon länger, einmal mehr oder weniger intensiv. Besonders in meiner Arbeit als Kinesiologin für Energie und Körperarbeit habe ich viel mit dem Thema zu tun. Es gab schon Zeiten in meinem Leben, in denen ich mit niemandem mehr gearbeitet habe, einfach weil ich für mich nicht klar klären konnte, ob ich auch wirklich die Erlaubnis dazu habe. Ich weiß natürlich, dass ich das abfragen kann, aber wen genau frage ich da? Mein Ego? Irgendein Energiefeld? Mit wem oder was bin ich verbunden, wenn ich in die Verbindung gehe?

Ich möchte anmerken, dass ich seit 1999 in eigener Praxis arbeite und viele Aus- und Fortbildungen in verschiedensten Bereichen gemacht habe. Doch in keiner von ihnen wurden diese Fragen beantwortet, meistens nicht einmal angedacht. Irgendwann einmal war dieses Thema dann da. Was folgte, war eine tiefe Krise, wie schon beschrieben, in der ich dann mit Kunden nicht mehr arbeitete. Die intensive Auseinandersetzung mit dem Körper und die Schulung der Bewegungswahrnehmung (»Trager«) haben mir sehr geholfen, einen neuen Umgang zu finden. Dort begebe ich mich in »Hook Up«, ein Gefühl von Verbundensein mit dem anderen. Aus dieser Verbundenheit heraus beginnt die Arbeit am anderen. Zu jeder Zeit aber spüre ich genau, was sich in meinem Körper verändert, zum Beispiel, wenn es anstrengend wird, eine Bewegung beim Klienten auszuführen, der derweil entspannt auf dem Massagetisch liegt.

Dann mache ich nämlich eine Pause und fühle in mir, was ich brauche (Gewicht fühlen, einen Atemzug nehmen etc.). Erst, wenn ich wieder gut verbunden bin mit mir selber, mache ich weiter. Diese Pause kann unterschiedlich lange dauern, vielleicht nur ein paar Sekunden. Das reicht schon, um bei mir zu bleiben, nichts zu wollen, zu wissen, kein Ziel zu haben, nicht zu arbeiten (um gut zu sein, gelobt zu werden etc.). Über diese Vorgehensweise weiß der Klient Bescheid.

Dieses Prinzip hat für mich viel mit Integrität zu tun und ich lasse es auch im Alltag und in meine anderen Behandlungsarten einfließen. Das gelingt mehr oder weniger gut. Aber ich achte darauf. Integrität bedeutet für mich auch, überprüfbar zu sein. In meinem Arbeitsleben heißt das, mich in Tutorials oder Supervisionen zu begeben, um zu lernen, zu vertiefen und ehrlich zu bleiben. Ich habe tolle Lehrerinnen und Lehrer, die mich ab und an auf diesem Weg begleiten.

Mittlerweile habe ich wieder begonnen, kinesiologisch und energetisch zu arbeiten, weil ich begriffen habe, dass etwas nicht zu tun auch nicht die Lösung ist. Heißt auch: In jeder Sitzung bespreche ich jede Wahrnehmung, jedes Ergebnis genau mit meinen Kunden. Hört sich geschrieben logisch und selbstverständlich an. Ich hatte allerdings jahrelang das Problem, meine energetischen Wahrnehmungen und Eingebungen auszusprechen. Und zwar im genauen Wortlaut, so, wie sie ankommen. Ich habe zwar nie etwas unterschlagen, aber zum Beispiel die Wortwahl geändert. Heute weiß ich, dass es auf die Genauigkeit sehr wohl ankommt, weil vielleicht genau dieses eine Wort ein Schlüssel sein kann.

Also, auch hier achte ich auf mehr Integrität und erspare mir ganz nebenbei die eine oder andere Halsentzündung. Integrität im Privatleben ist mir natürlich genauso wichtig und auch hier bemühe ich mich, ehrlich zu bleiben. Auch in Kleinigkeiten – aber nicht pedantisch, sondern leicht und spielerisch. Zugegeben gelingt es nicht immer und ich komme erst hinterher drauf, was gelaufen ist. Ich habe mich auch getrennt von energetischen Verbindungen nach Ausbildungen oder Einweihungen, auch das bedeutet für mich Integrität.

Des Themas »Bedarf und Notwendigkeit« nehme ich mich seit einiger Zeit an und habe festgestellt, dass es kleine Abweichungen zu meinen Plänen gibt. Ich lerne, spiele und forsche täglich. Ich genieße zwischendurch die Sonne und schaue meiner Katze zu, wie sie geschmeidig durchs Leben geht. Diese Geschmeidigkeit ist auch eines meiner Ziele. Weniger Ladungen, Enge, Versprechungen, Schwüre und umso mehr Geschmeidigkeit, umso mehr Integrität in meinem Leben. Und das darf noch wachsen.

Petra Maria Heim

Verena

*»... Ich bin ich, so wie ich bin,
in genau diesem Moment ...«*

Integrität bedeutet für mich,
mit mir selbst im Reinen zu sein,
mich selbst gefunden zu haben,
angekommen zu sein,
nach meinen Werten zu leben,
den Mut aufzubringen, zu mir selbst zu stehen,
der Stimme meines Herzens zu vertrauen und
meinen Seelenweg selbständig und eigenverantwortlich zu gehen.

Mein Leben glich 35 Jahre lang einer Berg-und-Tal-Fahrt. Die Berg-und-Tal-Fahrt hat sich nicht verändert, aber ich habe gelernt, die Verantwortung für mein Leben in die Hand zu nehmen und meiner eigenen Wahrheit und nicht den ausgetretenen Pfaden anderer zu folgen.

Ich habe mich viel zu lange versteckt vor der Gesellschaft, vor meiner Familie, meinen Freunden und vor dem Leben. Doch in Wahrheit habe ich mich vor mir selbst versteckt. Ich habe mich selbst belogen und mich meiner Seele beraubt, um in eine kranke Gesellschaft zu passen, die Integrität meist gar nicht zulassen kann. Aus Angst davor, nicht dazuzugehören, habe ich mich selbst verleugnet. Ich machte mich zum Spielball im Spiel des Lebens, dessen Regeln eigentlich niemand zu verstehen schien.

Erst nachdem ich krank geworden war, begann ich wieder auf die innere Stimme in mir zu hören. Ich beendete mein Opferdasein und fing an, meine Wahrheit zu leben und chrlich zu mir selbst zu sein. Meine eigene Sinnlebung stellte ich an oberste Stelle und ich begann, wieder die Verbindung zu meiner Seele zu spüren.

Heute sind die Täler tiefer, aber die Berge dafür umso höher. Ich verliere mich nicht mehr in den Spielregeln anderer, sondern ich habe gelernt, mich selbst in allen Höhen und Tiefen zum Gewinner zu machen. Ich versuche, jeden Tag authentisch meinen Weg zu gehen, in meiner Mitte zu bleiben und der Anbindung an die Quelle zu vertrauen. Heute finde ich den Mut, zu antworten, wenn mein Herz zu mir spricht, und wenn die Sehnsucht mich ruft, dann folge ich meiner inneren Wahrheit auf dem Weg zu mir selbst.

Ich bin ich, so wie ich bin, in genau diesem Moment. Und genau in diesem Moment fühle, denke, spreche und weiß ich, was ich war, was ich bin und was ich sein werde. Ich lasse mich nicht mehr blenden und manipulieren, sondern versuche, mir selber treu zu bleiben und mein Leben zu leben. Ohne gefallen zu wollen oder zu müssen. Denn wenn ich anderen gefallen muss, gefalle ich mir selber nicht, weil ich genau dann aufgehört habe, ich selber zu sein. Ich weiß, was ich weiß, und ich kann auch andere in ihrer Wahrheit und ihrem Wissen sein lassen.

Meine Wahrheit ist meine Wahrheit und kann niemals die Wahrheit eines anderen sein. Ich bin nicht mehr nur Marionette und lasse Fremdbestimmung zu, sondern ich stehe zu mir und meinen Werten und handle danach. Ich versuche, mit meinen Gefühlen in Kontakt zu bleiben, und übernehme die Verantwortung für mich, ob meine Energien in Balance sind oder nicht. Auch meinen Schwächen und Schattenseiten lass ich ihren Raum und nehme sie als einen Teil von mir an.

Als Energetikerin bin ich täglich mit dem Thema Integrität konfrontiert und das Leben beschenkt mich, seit ich angefangen habe, authentisch und ehrlich zu mir selbst zu sein. Die Menschen um mich herum spüren das und meine Arbeit als Energetikerin und Autorin ist in Fluss gekommen. Auch im zwischenmenschlichen Bereich habe ich aufgehört, Kompromisse einzugehen. Ich habe mich von Menschen getrennt, für die ich glaubte mich verbiegen zu müssen, um dazuzugehören.

Meine Aufgabe als Mama sehe ich darin, meinen Kindern ein Vorbild zu sein. Ich will sie nicht belehren und biegen und an unsere Gesellschaft anpassen. Ich will sie begleiten und ihnen helfen, eigenverantwortliche Menschen zu werden, die auf die Stimme ihres Herzens vertrauen und ihrer inneren Wahrheit folgen.

Ich bin nicht perfekt, aber ich bin ich.
Ich bin Verena Flori. Und genau die soll ich sein.
Wacht endlich auf!
Warum soll ich still sein, wenn ich weiß, wovon ich rede?
Mir den Mund verbieten lassen, wenn's so viel zu sagen gäbe.
Kein Blatt mehr vorm Mund, den Kopf nicht im Sand,
ich stehe zu mir, mit Herz und Verstand.
Warum lasst ihr euch biegen und manipulieren?
Und lasst dabei zu, euer Selbst zu verlieren?

Wohin soll das führen, wenn keiner mehr denkt,
weil er ständig den andren sein Gehör nur schenkt?
Wo ist der Mut, zu sich selbst zu stehen?
Egal, was die andren sagen, seinen Weg zu gehen?
Wir lassen uns blenden von Geld und von Macht.
Doch was hat die Gier unsrem Leben gebracht?
Man macht uns Angst und schüchtert uns ein,
um lenkbar in einer »kranken« Welt zu sein.
Es gibt keinen Grund, in der Angst zu leben,
wenn wir lernen, der Liebe mehr Platz zu geben.
Macht eure Augen wieder auf und hört ganz tief in euch hinein,
und fangt dann endlich damit an, ihr selbst in dieser Welt zu sein.

Verena Flori

Anja

> *»… Ich will auch andere Menschen anregen, neue Wege zu beschreiten, eingefahrene Pfade zu verlassen, ihr Leben und ihr Glück selber in die Hand zu nehmen …«*

Gibt es schon viele Menschen, die integer sind?
Nein, aber es werden immer mehr.
Und ich bin einer davon.

Zum Glück hat mich *innerwise* gefunden und plötzlich habe ich Dinge in Frage gestellt, die vorher selbstverständlich waren. Geprägte Werte, Vorstellungen der Eltern, der Schule, die im Laufe der Jahre klammheimlich von mir Besitz ergriffen haben, ohne dass es mir bewusst war. Immer wieder empfinde ich tiefe Dankbarkeit, dass ich sehe und die Zusammenhänge begreife, dass ich Strukturen erkenne und dadurch neue Möglichkeiten entdecken kann. Und erst, wenn die Erkenntnis und Klarheit da sind, ist Entwicklung möglich. Dann kann die Metamorphose zum Homo integer beginnen.

So war es auch bei mir. Nachdem ich an meinem Selbstbewusstsein gearbeitet hatte, war es mir möglich, nach und nach viele Kompromisse abzuschaffen und immer öfter das zu tun, was mir Freude bereitet. Das wäre früher undenkbar gewesen. Da hat die liebe, brave Anja immer das gemacht, was andere für richtig gehalten haben, und hat lieber verzichtet, als eigene Bedürfnisse zu leben. Das ist Vergangenheit, und erstaunlicherweise ging das einfacher als vermutet. Mein Umfeld hat es akzeptiert. Jetzt frage ich nicht mehr: »Kann ich? Darf ich?«, sondern sage: »Ich mache. Ich will.«, oder: »Ich will nicht.« Und es funktioniert. Dieses Umdenken hat auch dazu geführt, anderen gegenüber viel toleranter zu sein, tieferes Verständnis zu entwickeln, andere Entscheidungen leichter zu akzeptieren und nicht zu werten.

Für mich war eine Entscheidung noch nie so klar wie diese. Ich lasse mir nichts mehr verbieten! Auch wenn ich mit dieser Entscheidung finanzielle Sicherheit aufgegeben habe, sagte mir mein Gefühl, dass dies der richtige Weg für mich ist. Dieser faule Kompromiss hat mich schon lange belastet, vormittags Schulmedizin … nachmittags ganzheitliche Behandlungen. Das muss aufhören. Jetzt ist der richtige Zeitpunkt, endlich das zu tun, was ich aus tiefstem Herzen möchte. Und ich vertraue darauf, dass sich alles für mich zum Positiven entwickeln wird.

Zu behandeln, das macht mich zufrieden und glücklich. Das strahle ich jetzt aus, mein Umfeld ist beeindruckt und bewundert mich für meinen Mut. Das wiederum motiviert mich und gibt mir die Kraft, meinen Weg zu gehen, meine neuen Ziele zu erreichen. Ich will damit auch andere Menschen anregen, selber neue Wege zu beschreiten, eingefahrene Pfade zu verlassen, ihr Leben und ihr Glück selber in die Hand zu nehmen. Meine Erfahrung ist, viele sind offen für Neues.

Dann ist das Ziel nicht mehr weit. Wir alle sind Homo integer! Wir sind offen und ehrlich, jeder ist für sich selber verantwortlich, wir akzeptieren jeden, so wie er ist, nutzen niemanden aus, fügen niemandem Schaden zu, bestimmen über niemand anderen, und Kompromisse gibt es nicht mehr.

Anja Lehmann

Angela

»… Ich bin bereit, Integrität in allen Lebensbereichen zu leben …«

Integrität bedeutet für mich,

… dass ich mein wahres inneres Wesen ent-decke und freilege, wie eine Vogelspinne ihrer alten Haut entwächst und sich von ihr löst – ja, lösen muss, um zu leben.
… dass ich mich auf mein Inneres, mein Herz, meine wahren Gefühle konzentriere und die Vergangenheit loslasse. Nicht, weil sie schlecht war, sondern, weil sie tot ist.
… dass ewiges Leben heute und jetzt ist.
… glücklich zu sein, zu sein – voller Energie, Freude, Liebe, Geborgenheit, Dankbarkeit.
… dass ich meine Geschichte verlasse, nachdem ich erst durch sie zum äußeren Beobachter werden konnte, erst durch sie erkannte, dass ich die Freiheit habe, mich für mein wahres inneres Wesen zu entscheiden, es zu lieben und zu leben. Erst dadurch kann ich die Natur des Seins verstehen.
… jede gelernte Überzeugung neu zu überprüfen, nach innen zu horchen, ob ich sie heute mit meinem Inneren vereinbaren kann.
… dass ich im Alltag dem tiefsten Verlangen meines Herzens folge, mich darin übe, ins eigene Herz zu sehen, erkennend, dass alle eins sind, verständnisvoll begreifend, dass jeder, der sündigt, nicht weiß, was er tut, und Vergebung verdient.

… wertfrei anzuerkennen, was ist.
… in mir aufzunehmen, dass es Gottes Wille ist, dass ich auf eigenen Füßen stehe.

Ich bin bereit, Integrität in allen Lebensbereichen zu leben, bin entschlossen, zu erleben, dass selbst Manifestationen veränderbar sind durch die Kraft der Gefühle und Gedanken – auch im körperlichen und gesundheitlichen Bereich. Ich will erleben, wie tiefe Prozesse der Heilung, Klärung und Reinigung ausgelöst werden, in mir und in anderen. Ja, das will ich wirklich. Ich will dies erleben, weil ich schon seit meiner Kindheit darauf brenne und spüre, dass es einzig nötig ist, Liebe zu integrieren.

Ich hatte all die Jahre geglaubt (und gelebt), dass es nötig sei, Gottes Willen außerhalb von mir zu sehen, bis ich vor knapp sieben Jahren erkannte, dass Gottes Wille nicht außerhalb von mir, sondern nur in meinem Herzen zu finden ist. Und dass ich auf mein Herz hören darf, ja muss!

Ich bin bereit.

Angela

Antje

»… Integrität ist für mich die Klarheit, mein Wesen wahrzunehmen und so zu leben, dass ich mein Licht leuchten lasse …«

Ich habe ein Bild von meiner eigenen Integrität. Ich sehe mich selber als leuchtendes Wesen, eine Lichtsäule ist in meinem Inneren. Das Leben aller ist Licht, und doch gibt es auch viel Schatten, denn ohne Schatten nimmt der Mensch das Licht nicht wahr. Diese Schatten verändern sich ständig, ziehen und zerren an mir, verlangen Veränderungen, Anpassungen in meinem Leben. Gerne bin ich dazu bereit. Ich mag Veränderungen.

Es gibt nur einen Bereich, in dem ich standhaft bleibe und keine Veränderungen zulasse – in meiner Lichtsäule. Ich bin mir selber treu, wenn mein Licht nicht weniger wird. Wie ein Patient gestern zu mir sagte: »… immer mit aufrechter Wirbelsäule.« Das ist sein Bild. Meines ist Weite im Inneren. Das umfasst mehr als die knöcherne Säule meines Körpers. Alles, was mich ausmacht – Seele, Geist und Körper –, macht mich zu dem Individuum, zu dem, was ich jetzt bin. Und dieses Individuum hat ein Gefühl für Leichtigkeit, Liebe und Licht.

Das ist mein Weg. Dann folge ich meiner Integrität, dann lebe ich Integrität. Ich übe noch.

Ja, es gab Monate, in denen konnte ich mein eigenes Licht nicht mehr in meinen Augen sehen. Da hatte ich mich ein Stück weit verloren. Zu vielen Ansprüchen wollte ich gerecht werden, so dass ich den höchsten Anspruch an mich selber verleugnet habe: mir selber treu zu bleiben. Und mir selber treu bleiben bedeutet nicht, alles so zu machen, wie ich es immer gemacht habe und für gut empfand. Es bedeutet, in mir das tiefe Gefühl zu finden, das ich mit dem beschreiben möchte, was man findet, wenn man nach Brandon Bays alle Schichten nach innen taucht und dort die Quelle findet (für mich eine unglaubliche Weite, die Unendlichkeit). Mich von dieser Quelle zu entfernen bedeutet, weniger Licht zu leben. Eine Erfahrung, die ich regelmäßig gemacht habe. Ich versuche, immer weniger zu leben, mir immer mehr treu zu sein. Nein, ich bin absolut nicht perfekt, aber das Leben ist für mich perfekt, um zu üben. Immer wieder finde ich mich in neuen Situationen vor. Die ewigen Wiederholungen habe ich endlich hinter mir gelassen, ganz neue Aspekte des Seins sind seit diesem Jahr in meinem Leben und fordern mich.

Die große Liebe und diese auch mit allen Konsequenzen zu leben ist für mich die größte und schönste Herausforderung. Darauf habe ich mich Jahrzehnte gefreut, um dann festzustellen, wie anders es ist und wie schnell ich mich selber verloren hatte. Doch jetzt bin ich wieder auf einem guten Weg. Klar bleibe ich dran und es ist für mich auch selbstverständlich, jede Hilfe auf meinem Weg anzunehmen. Warum sollte das Leben schwerer sein, wenn es auch leicht sein kann. Ich bleibe dran, denn Klarheit gehört für mich zu meinem Leben unbedingt dazu.

Integrität ist für mich die Klarheit, mein Wesen wahrzunehmen und so zu leben, dass ich mein Licht leuchten lasse und es dabei schaffe, im Einklang mit dem Leben, meiner Umgebung und den Anforderungen, die ich und andere an mich richten, gegenüberzutreten.
Ein Miteinander, ohne das Selbst zu verlieren.

Inwieweit bin ich bereit, Integrität in allen Lebensbereichen zu leben? Ich denke, in recht vielen. Ja, ich denke, ich kann Integrität immer besser leben. Ich bin gespannt, was als Nächstes kommt.

Antje Hofmann-Credner

Nicole

»… ›Man muss sich halt verkaufen, wenn man einen guten Lebensstandard haben will.‹ – Oder auch nicht!«

Auf dem Weg zur persönlichen Integrität gibt es viele Schritte, die darin bestehen, alle Seelenanteile, die zu mir gehören, zu integrieren, alles, was zu mir gehört, als meins anzunehmen und es als meins zu lieben.

Es gehört auch dazu, Fehler zu machen, die ja letztlich keine Fehler sind, sondern lediglich Schritte, die mich in meiner Entwicklung weiterbringen. Die persönliche Integrität zeigt sich in allen Lebensbereichen: Welche Dinge tue ich, weil »man es halt so macht«, oder welche Dinge tue ich, weil ich glaube, dass sie richtig sind? Dabei beobachte ich mich immer wieder dabei, wie ich alte Überzeugungen und mir auferlegte Glaubenssätze als Orientierung verwende. Schön, wenn ich es merke, denn dann ist es an der Zeit, herauszufinden, was meine eigenen Überzeugungen sind. Oder aber auch irgendwann zu erkennen, dass alle Überzeugungen letztlich nur meine Geschichte zu einem Thema sind und dass es sehr wertvoll und spannend sein kann, diese Überzeugungen nach und nach aufzugeben. Nicht mehr aus dem Verstand zu sein, sondern aus dem Herzen. Dinge nicht mehr zu bewerten, sondern sie so zu nehmen, wie sie sind.

Auf dem Weg zur Integrität geht es auch darum, sich nicht bei der Energie anderer zu bedienen, nicht auf Kosten anderer zu leben. Meins ist meins, und deins ist deins!

Persönliche Integrität beinhaltet für mich auch, die Verantwortung zu übernehmen für das eigene Leben, und zwar voll und ganz. Und nicht die Verantwortung für andere zu tragen. Gerade für mich als Therapeutin war das ein wichtiger Lernprozess: Nur, wenn ich den Patienten ihr Leid nicht abnehme und nicht versuche, ihre Probleme für sie zu lösen, haben sie eine Chance, heiler zu werden, integrer zu werden, mehr sie selbst zu werden. Und auch ich habe dann die Chance, mehr ich selbst zu werden und nicht die Patienten dazu zu benutzen, gebraucht zu werden oder Anerkennung und Lob dafür zu bekommen, dass ich ihnen geholfen habe.

Für mich ist persönliche Integrität ein riesiges Feld, in dem sich immer neue Möglichkeiten auftun, wenn man das Gefühl hat, einen Schritt vorangekommen zu sein. Es geht letztlich auch darum, in allen Dingen des Alltags verantwortlich und nachhaltig zu handeln und dabei auch zu bedenken, welche Konsequenzen mein Handeln für andere, für die Umwelt hat. Dann kann ich mich entscheiden, was ich wirklich möchte, und danach handeln.

In meinem Leben gibt es einige Situationen, in denen ich, im Nachhinein gesehen, persönliche Integrität gelebt habe: So habe ich meinen Sohn zweieinhalb Jahre lang gestillt, davon über ein Jahr lang voll, und habe ihn nicht impfen lassen, entgegen der Unkenrufe vieler Unbeteiligter (was geht sie das eigentlich an?). Ich bin damit sehr glücklich, weil ich einfach das gemacht habe, was mir mein Herz gesagt hat.

Auch beruflich ist mein Weg nicht immer geradlinig oder konventionell verlaufen. Das ist so, weil ich fast immer lieber das gemacht habe, was mir Freude gemacht hat und wobei mir das Herz aufgegangen ist, und nicht das, was meine Eltern oder die Gesellschaft von mir erwartet haben. Und es ist auch heute noch so. Neulich sagte eine Patientin zu mir: »Man muss sich halt verkaufen, wenn man einen guten Lebensstandard haben will.« Ich bin sehr froh und erleichtert, dass ich mich selten verkauft habe und es immer weniger tue, je genauer ich definieren kann, was ich selbst möchte und was nicht. Jedoch bedeutet es auch ein Stück Integrität für mich, dass ich diese Patientin nun nicht davon überzeugen möchte, dass man sich nicht verkaufen muss, sondern dass ich ihr ihre Überzeugung lassen kann. Denn wer sagt denn, dass meine Idee richtiger ist als ihre? Ich biete den Raum dafür, in dem Menschen wie diese Patientin die Möglichkeit haben, ihre Glaubenssätze für sich zu überprüfen, und damit ihrer eigenen Integrität ein Stück näher kommen können.

Ich lebe meine persönliche Integrität nicht in allen Lebensbereichen und in ganzer Konsequenz, aber ich erlebe die Bereiche meines Lebens, die von Integrität durchdrungen sind, als sehr glückvoll und erfüllend. Integer sein bedeutet für mich, einfach im Flow sein. Darum freue ich mich darüber, dass meine Integrität ständig weiter wachsen kann. Ganz integer zu sein, verbindet mein Verstand manchmal noch mit der Vorstellung: »Ist das nicht anstrengend? Muss ich mich da nicht ständig zusammenreißen?«, obwohl mein Herz ja längst weiß, dass Integrität der Zustand des geringsten inneren Widerstandes ist und sich einfach herrlich anfühlt. Ein Prozess eben …

Nicole Herter

Hermann

»... Stufen ...«

Wie jede Blüte welkt und jede Jugend
Dem Alter weicht, blüht jede Lebensstufe,
Blüht jede Weisheit auch und jede Tugend
Zu ihrer Zeit und darf nicht ewig dauern.
Es muß das Herz bei jedem Lebensrufe
Bereit zum Abschied sein und Neubeginne,
Um sich in Tapferkeit und ohne Trauern
In andre, neue Bindungen zu geben.
Und jedem Anfang wohnt ein Zauber inne,
Der uns beschützt und der uns hilft, zu leben.
Wir sollen heiter Raum um Raum durchschreiten,

An keinem wie an einer Heimat hängen,
Der Weltgeist will nicht fesseln uns und engen,
Er will uns Stuf' um Stufe heben, weiten.
Kaum sind wir heimisch einem Lebenskreise
Und traulich eingewohnt, so droht Erschlaffen,
Nur wer bereit zu Aufbruch ist und Reise,
Mag lähmender Gewöhnung sich entraffen.
Es wird vielleicht auch noch die Todesstunde
Uns neuen Räumen jung entgegen senden,
Des Lebens Ruf an uns wird niemals enden ...
Wohlan denn, Herz, nimm Abschied und gesunde!
Hermann Hesse[**]

[**] Mit freundlicher Genehmigung des Suhrkamp Verlgs Berlin. »Stufen«, aus: Hermann Hesse, Sämtliche Werke in 20 Bänden. Herausgeben von Volker Michels.
Band 10: Die Gedichte. © Suhrkamp Verlag Frankfurt am Main 2002. Alle Rechte bei und vorbehalten durch Suhrkamp Verlag Berlin.

Inhalt

Integrity is my way 6
Integrity is my way als Bewegung 8
Vom Homo sapiens zum Homo integer 9

Prinzipien 11
Was du über dieses Buch wissen solltest 15

Gaia
»… Da brauchte ich gar keine Angst mehr haben …« 17
Gudrun
»… Es gibt keine Worte, die ausdrücken können, was passiert,
wenn sich in Begegnungen unsere Herzen berühren …« 18
Ute
»… Als integre Persönlichkeit gestehe ich mir Fehler zu
und nutze sie in der Reflexion, um daran zu wachsen …« 23
Dagmar
»… Gate. Gate. Paragate …« 26
Jasmine
»… Vive la Intégrité!« 32
Grit
»… Egal, wo – einfach tun!« 35
Beatrix
»… Um ein integrer Mensch zu sein, bin ich bereit, aus-
und aufzuräumen, loszulassen, durch den Schmerz
noch einmal hindurchzugehen …« 40

René
»… Ich fühle nun mehr Bewusstheit, dass alles einen Sinn ergibt und ich nun immer klarer werde …« 43

Robert
»… Handle ich bei meinen Vorhaben nach Bedarf und Notwendigkeit?« 46

Helge
»… Ich war froh, ihn mit einem Lächeln gehen zu sehen …« . 54

Fatma
»… So viel Ehrlichkeit war einfach nur heftig …« 55

Kompromisse und andere Lügen 60

Marco
»… Um integer leben zu können, bedarf es für mich auch der Hoffnung und des Vertrauens in mich und ins Leben …« 62

Barbara
»… Ich gehe, wenn ich es nicht für richtig halte, an dem Ort zu bleiben …« 64

Petra
»… Jedes Mal wenn ich mich für den Weg meines Herzens – und damit für die Integrität – entschieden habe, hat das Leben mich unterstützt …« 65

Christine
»… Integrität heißt für mich: sich selber treu sein. Sich vertrauen, trauen …« 68

Sabine
»… Ich glaube, dass mein Vertrauen in die Menschen und ins Leben einer ganz tiefen Liebe in mir entspringt …« . . 71

Ulrike
»… Ich weiß intuitiv, dass jeder Schritt meines Lebens richtig und wichtig und auch niemals langweilig ist (ich liebe immer das, was ich tue) …« 73

Opferspiele 78
Irmgard
»… Ich lebe und liebe mein Leben …« 80
Lothar
»… Integrität bedeutet für mich nicht nur das Leben
des eigenen Wertesystems, sondern das Leben
nach bestimmten Werten, nämlich meinen …« 83
Angelika
»… Eigen-Sinn – ja, auch das ist Integrität …« 86
Gudrun
»… Ich bin Ehrlichkeit, dann bin ich es auch gegenüber
meinem Partner, der Familie, den Mitmenschen …« 88
Sonja
»… Und auch das gehört für mich zur Integrität,
dass ich die anderen sich selber entwickeln und
Verantwortung übernehmen lasse für ihr Handeln …« 90
Gustav
»… Integrität ist der Schlüssel zum Frieden,
der Schlüssel zur Quelle …« 92

Ladungen 94
Andrea
»… In diesem Bewusstsein, dass wir eins sind, möchte
ich weiter an meiner Integrität und Ehrlichkeit arbeiten …« . . 96
Thomas
»… Wir alle, als Seelen aus der reinen und höchsten Quelle,
haben einen Auftrag, einen Plan, eine Lebensaufgabe …« 98
Yvonne
»… Integrität ist die Freiheit, alles loszulassen,
was nicht dem ureigensten innersten Plan entspricht …« 102

Barbara
»… Es gibt eine unheimliche innere Kraft und die Gewissheit, dass alles richtig ist, so wie es war und wird, es ist mein Weg …« .. 105

Lucia
»… Die innere Stärke und das Gefühl der Unabhängigkeit haben sich bei mir erst eingestellt, als ich aufgehört habe, zu wollen …« 107

Elisabeth
»… Oft geht es im Leben um die Haltung zu sich selbst – im Innen wie im Außen …« 110

Ruth
»… Ich bin ein Mensch mit Stärken und Schwächen und muss aufpassen, mich bei allem Bemühen um Integrität nicht zu überfordern …« 113

Jutta
»… Integer zu sein braucht Mut und Courage …« 116

Iris
»… Lieben, was ist, und den Mut haben, es zu ändern …« . . . 117

Pia
»… Immer wieder habe ich Situationen und Entscheidungen hinterfragt: Ist es übernommen oder ist es wirklich meins? Will ich das? Bin das ich? Entspringt das aus mir? …« 118

Silvia
»… Lasse los und lasse zu, dass Papa, Gott, das Universum dir hilft!« 121

Silke
»… Integrität bedeutet für mich: sich selbst, seinen Gefühlen, seinem Denken, seinem innersten Kern treu zu sein und sich in keiner Situation selbst zu verraten …« 123

Wilhelm 126

Sabine
»… Ich bemühe mich, integer zu leben, indem ich aufrecht durch das Leben gehe …« 128

Birgit
»… Ich habe begriffen, dass ich ohne all dieses Leid
niemals dort angekommen wäre, wo ich jetzt bin …« 130

Geheimnisse 132

Tanja
»… Dankbarkeit ist mir wichtig, für das,
was ist und sein darf …« 135

Stephan
»… Nur wenn ich nach bestem Wissen und Gewissen arbeite,
komme ich zum erwarteten Ziel …« 138

Petra
»… Für mich selbst ist die Wahrheit immer
der bessere Weg …« 140

Michaele
»… Ich freue mich und bin neugierig auf das,
was kommen und möglich sein will …« 143

Simone
»… Integrität bedeutet für mich auch,
die Seele im Menschen zu sehen …« 146

Ruth
»… Wir hätten wohl eine andere Welt, würden sich mehr
Menschen mit ihrer Integrität auseinandersetzen …« 148

Daniela
»… Wesentlich, um integer zu sein, sind für mich:
Selbstliebe, bewusst sein, annehmen, was ist, und neu wählen oder
entscheiden …« 151

Ralph
»… Die Welt würde sich anders drehen
mit Integrität in jedem Herzen …« 161

Manipulationen 164
Christian
»… Es geht nicht um Verpackung. Es geht nicht um Geld.
Es geht um viel mehr …« 166
Sandra
»… Das, was in mir steckt, möchte ich auf der
Lebensbühne erwecken …« 169
Angelika
»… Wirklich das machen können, was nur guttut,
mich mit allen meinen Sinnen ›satt‹ macht und
meiner Seele Zufriedenheit gibt …« 172
Heike
»… Leben, du kannst kommen, ich bin offen für dich …« . . . 175
Jürgen
»… Sich selbst und andere nicht mehr zu belügen …« 177
Katrin
»… Wie die Zelle konnte ich eine Tensegrity entwickeln,
den spannenden Prozess des sich entwickelnden Lebens
in mir spüren …« 178

Erstarrung 180
Andrea
»… Die energetische Klarheit ist Kerngedanke …« 182
Kerstin
»… Ich denke, dass man Integrität fühlt, und das beginnt bereits
im Kleinen – mit einem kleinen bisschen Ehrlichkeit …« 185
Kurt
»… Es fühlt sich herrlich an …« 189
Brigitte
»… Es fühlt sich an wie fließen, wie geschehen lassen …« . . . 191

Anita
»… Integrität ist für mich ein Zustand, den ich herstellen möchte, um die Welt ein ganz klein wenig besser zu gestalten …« 195
Petra
»… Ich möchte nicht mehr manipulieren …« 198
Marion
»… Im Gespräch liegt meine Integrität, wie ich sie lebe …« . . 200
Angela
»… Tag für Tag arbeite ich in Hingabe an dem großen Seelenplan, daran, mein Leben zu klären, mein Energiefeld im Einklang zu halten, mir selbst immer näher zu kommen …« 202
Friderun
»… Jetzt habe ich das Gefühl, dass mir diese Lebensart niemand mehr nehmen kann …« 204

Angst 206

Christian
»… In diesem Raum der Freiheit haben Kompromisse keinen Platz …« 208
Jan
»… Akteur und Gestalter bleiben wir selbst, in Eigenverantwortung. Dies bewusst annehmen und leben ist Integrität …« 211
Susann
»… Ich sage ehrlich, was ich denke und fühle. Ganz egal, wie mein Gegenüber damit umgeht, und egal, wer mein Gegenüber ist …« 215
Uta
»… Ich habe das Gefühl, diese Reise wird nie zu Ende sein, sie wird auch nicht immer leicht sein …« 217
Petra Maria
»… Zu jeder Zeit aber spüre ich genau, was sich in meinem Körper verändert …« 223

Verena
»... Ich bin ich, so wie ich bin, in genau diesem Moment ...« . 226
Anja
»... Ich will auch andere Menschen anregen, neue Wege zu beschreiten, eingefahrene Pfade zu verlassen, ihr Leben und ihr Glück selber in die Hand zu nehmen ...« 231
Angela
»... Ich bin bereit, Integrität in allen Lebensbereichen zu leben ...« 234
Antje
»... Integrität ist für mich die Klarheit, mein Wesen wahrzunehmen und so zu leben, dass ich mein Licht leuchten lasse ...« 236
Nicole
»... ›Man muss sich halt verkaufen, wenn man einen guten Lebensstandard haben will.‹ – Oder auch nicht!« 239
Hermann
»Stufen« 242

INTEGRITY
is your way

Durch die vielen, sehr persönlichen Geschichten, Gedanken und Betrachtungen zu Integrität ist dieses Buch besonders. Ich hoffe, es ist für dich Inspiration und Impuls. Und jetzt ist es Zeit, dass du dich entscheidest: Möchtest du mehr Integrität leben?

Und was bedeutet Integrität für dich?
Auf den folgenden beiden Seiten und mit dem nachfolgenden Link und über den QR-Code gelangst du zur Website integrityismyway.com, auf der du verschiedene Möglichkeiten hast, dich mit deiner Integrität auseinanderzusetzen. Du kannst weitere und neue Geschichten und Gedanken von Menschen lesen, die ihre Integrität erfahren haben. Du kannst deine eigene Geschichte aufschreiben und sie in der Community mit anderen teilen. Und du kannst mir persönlich schreiben mit deinen Fragen, deinen Anregungen und deinen Problemen. Auch findest du dort die Prinzipien, die ich zu Beginn des Buches vorgestellt habe, nochmals zum Unterschreiben für dich – als eine Art inneren Vertrag mit dir selbst.

www.innerwise.com/de/integrity-is-my-way

Ich wünsche dir alles Gute auf deinem Weg zur Integrität.
Dein Uwe Albrecht

Dein Beitrag